不是因爲有錢，才能理財，
是因爲理財，才會變得有錢。

聰明的女人
會把小錢變大錢

莉莉安　著

經濟獨立
最美麗

這裡沒有傳奇，
因為傳奇，不一定會發生在你我身上。
雖然，這裡沒有傳奇，
不過，你我都可能成為自己創富的傳奇！

人生有了目標，就可以出發；
人生有了方法，就可以進行；
人生有了開始，就可以改變；
人生有了改變，就可以翻身！

前　言

一個女人，有錢意味著什麼？有錢可以讓女人做自己想做的事，可以讓生活更有品味更優雅！可以讓別人更尊重更欣賞自己，從而讓自己實現自己的價值，但最重要的還是有錢能讓自己很快樂！

也許有人會說——「金錢買不到快樂！」

但我要頂一句話——「起碼也可以培養個好心情！」

如此不就是一種快樂了嗎？

女人有錢能讓自己更美麗；女人有錢才能夠真正獨立不再依靠男人；女人有錢可以環遊自己夢裏都想去的地方；女人有錢可以幫助很多人，成為那些得到妳幫助的人心中的女神；女人有錢可過自己想要的生活……還有很多很多。如果妳現在還與金錢無緣的話，該怎樣改變這種狀態呢？

也許有很多女人天生就不喜歡做女強人，也不指望自己去賺很多的錢，認為嫁個有錢的老公就行了。但是，總有一天我們必須要靠自己過日子，只有自己才能保

障自己的未來。

在「白頭偕老」的說法，已經被慢慢淡化的現代社會……女人要擁有一張「長期飯票」的機率越來越低，當婚姻破碎了，金錢糾紛很容易導致男女雙方惡言相向，而受害的一方往往是女人。

即使婚姻幸福的女人，也有機會單獨面對現實人生，因為女性普遍比男性長壽八至十歲，半途出了意外，年輕守寡的事也時有見聞。因此，女人要有錢，並不僅僅是要追求享樂，而是重在追求生命的尊嚴。

年輕的時候，女人覺得這一天永遠不會來臨，總是很樂觀地認為「船到橋頭自然直」——女人總是逃避現實，缺乏居安思危的觀念，不願意去想倒楣的事情。等到問題發生了才臨時燒香，祈求上蒼眷顧，幫忙降福改運。其實，女人如果儘早學會理財，為沒有依賴的日子做好準備，命運就可以隨時掌握在自己手中。

女人應該儘早開始投資和儲蓄，起步越早，成功的機會越大。越年輕，開始充實這方面的常識越有利。在能力範圍內犧牲物質享受，學會精打細算，為未來做準備，不要甘於貧窮，才能擁有真正的自由，當然，絕對不可為了金錢而不擇手段。

如何讓自己學會自主地掌控金錢？如何培養自己的理財智慧？我們需要先從思想觀念上開始，督促自己，相信自己，並從學習基礎的經濟學知識開始，只要堅持下來，妳就一定能夠成為一個懂得理財的女人。

妳需要明白自己賺錢的目的，學會給自己制訂好理財計畫。越早開始計劃，越早理財，妳就能越早享受到幸運的青睞。從存錢開始積累，從製作報表開始了解自己的財富，從自己的主婦優勢開始入手，讓自己一步步變成一個有錢的女人，有錢的女人就是一個有夢想的女人。

妳還需要學會消費，學會把錢花在刀刃上。亂花錢的女人比比皆是，但是，會花錢的女人卻少之又少。妳所要做的，就是儘快成為這少之又少的女人中的一個。買自己需要的，買適合自己的，買有用的！這樣，妳既享受到了，又省下了錢；這樣，妳才不會成為「月光族」；這樣，妳才有好的心情去旅遊、去保養自己；這樣，妳才能做一個理性而會享受的女人。

會理財的女人，通常也能比別人更深刻地體會到幸福的含義。因為，會理財的女人，一定是個理性的女人，同時也是個聰明的女人，她們知道該如何打理自己的生活，知道應該如何安置好自己的家人，知道該如何規劃自己的未來。

如果妳打算從今天起開始理財，請不要忘了先問自己一句：「我幸福嗎？」妳想要怎樣的幸福，這是一個很重要的問題，因為它將是妳理財的動力，也是妳理財的目的。懂得幸福的女人，人生才會更美麗！

序章 窮女翻身

第1章 做女強人，不如做個有實力的人

第2章 要有錢，就不要看輕小錢

第3章 手握友情存摺，積累人際資本

第4章 確定賺錢目標，制訂財務計畫

第8章 少花，就是多賺

序章

窮女翻身

1．小靜的故事

小靜從澎湖高中畢業後就移民到台北，在淡江大學就讀外文系，第一年上學期住學校宿舍，下學期她開始擔任家教，教一個國一男生與一個國二女生，所以大二時她就開始在外租屋生活，第一個房子貪便宜與房東共用衛浴廚房很不方便，尤其房東老太太一個人住，只要她在家老要巴著她聊天，佔用了她很多時間，於是兩個月後她就搬到了另一個獨立套房，房租也由四千漲到了七千，如此她又找了一個學生，一個月才能存個五、六千塊，加上父母每個月正常的供應，她一個月大概可以省下一萬左右。

大三那年，弟弟也考上了文化，弟弟從一開始就與同學在外頭合租房子，一個月要分攤三千五百，由家裡支付，不過弟弟看到姐姐那麼努力也向她看齊，課餘時間在一家飲料店打工時薪90元，由於禮拜六、禮拜天，工時較長一個月也可以拿到一萬元左右。

有一天與弟弟聚會，聊著聊著忽然談到了剛通車不久的捷運，帶來淡水房市的繁榮，連她的小套房租金也要漲了，這時她突然產生了不如買一個小房子的想法，就因為這個念頭的萌動，而一發不可收拾……

首先是她已存下了十八萬元，而弟弟可以借她五萬，這樣她就有二十三萬，不過她還有一個「祕密武器」，那就是當年媽媽曾以她的名義在銀行存了一張三十萬元的定期存款，所以到時候可以和媽媽先「借」用一下，於是她就開始探屋行程。後來她找到了一個地段不錯的二十四坪新房子，仲介開價17萬，她殺到了15萬，總價360萬元，自備款要一成五要54萬，銀行可貸306萬，以20年期攤還，每個月本息要繳一萬六、七千元左右，所以她說服了媽媽，同時也要弟弟搬過來一起住，如此的支出只不過比兩人租房子時多出五、六千塊，算是安全的投資理財方式。

一年多之後，她大學畢業那年，她的房價已經漲到了每坪23萬了，當然她踏出社會之後，鐵定會有更進一步的作為了……

2．菁的故事

菁的故事比較戲劇性，也比較冒險，不過你可以參考她的種種作為與她心路歷程的轉變……

從研究所畢業之後，菁的工作十分順利，在一家大企業擔任祕書的職務，這時她與一個中小企業的小開大衛談戀愛，大衛開著ＢＭＷ，西裝革履，一副富二代的派頭，菁也開始迷惘於浮華世界，追求時尚穿有牌子的衣服（這是她的話），買流行的包包、鞋子，可一年下來，她的高薪卻支付不了她的奢華，九張信用卡讓她負債了一百二十萬左右，全都用在她的行頭上……

人們常說的匹配，也就是勢均力敵，台灣話叫做比評。當然在自己經濟情況的許可下，這還不會構成多大的危害，可像菁這種「拼命三娘」的做法，卻叫人不敢恭維，也不可取，最後終於讓她嘗到了苦果……

大衛又看上了一個「新的女孩」而拋棄了她，她在失戀又負債累累的情況下，

終於大澈大悟了，究竟菁還是一個很了不起的女孩，她在深刻的內省之下，終於由絢麗歸於平淡，她將自己的香奈兒服飾以及六個包包在網上進行拍賣，幸運的是歐元增值，讓她的二手衣物賣到了高價，不但還清了卡債，竟然還剩了十幾萬塊（簡直是奇蹟——她的話），她像脫了一層皮，卻有「煥然一新」的感覺。

於是，她決定暫時不談戀愛、不交男朋友，也決定不租房子，她要逼自己全力以赴去買下一個房子，從此和自己的房子打交道，她在信義區離大安公園兩條街的巷子裡，買下了一個七樓建築的五樓，將近20坪的中古屋，當時對方開價是35萬總價680萬元，她利用信用卡的小額信貸借了80萬、又賣了一顆鑽戒，湊足一百二十萬做為頭期款，銀行貸了560萬，分20年，每個月本金攤還大約近三萬元，而她本來的房租是一萬五，剛好是多一倍支出，80萬信貸分五年每個月也要繳一萬六千多，所以初期她每個月的負擔高達她薪資的八成，每個月只剩大約一萬二千元的生活費（食衣住行都在內）……

於是她透過同學的介紹，在一家翻譯社接一些商業文件的翻譯工作。雖然這種工作是有一檔沒一檔的，可一個月下來也可以領將近一萬元，這對她的生活可不無小補，目前她正和一家出版社接洽翻譯一本書的事……

對了，經過了八年，她的房子一坪已從35萬漲到了100萬左右，她是否因禍得福只有她自己明白，不過她說過一句話——「會理財比會理人重要，因為錢是死的（指的是不會有變數），而人卻是活的（不可捉摸的）！」

3．美慈的故事

美慈大學畢業第二年就與高中、大學的同班同學程勇結婚了，程勇的父親幫他們在新店買了一個30坪的窩，他幫了二百多萬，不足向銀行借了五百萬，他們夫妻要自己「扛」，20年期，每個月本息要付二萬五千元，由於兩人都在上班，每個月收入合起來有八萬出頭，說起來房貸對他們一點也不吃力，但是蜜月度回來之後，美慈才慢慢了解了老公的真面目……

首先老公一點儲蓄也沒有，也沒有任何保險，開的還是一部二手國產車，後來她又發現程勇竟然還有十餘萬的卡債，（而她自己卻從高中開始到現在已存了將近

三十萬）經過一番思考之後，美慈開誠布公地和程勇做一次談話，以下是談話內容——

每個月兩人收入八萬扣掉房貸後，剩下五萬五千元：

四成做為生活費（程勇首先必須要戒煙）

二成做為儲蓄（累積到足夠數目就轉投資股市或債券）

二成買保險（包括壽險和醫療險）

一成購買基金（每月定額基金投資）

一成做為準備金

如此經過了三年，他們已經存下了一百五十萬（另有三份保單），現在美慈想再用一個三年，希望能達到一個五百萬的目標，然後他們才要迎接第一個小孩（三年後美慈就三十歲了）。

想想當初他們如果只是過著「快樂的生活」而沒有做出理財計畫，也許目前所擁有的一百五十萬，都已花在吃喝玩樂了，因此理財的觀念不可謂之不重要。「大富由天，小富由儉」，人就是要有儲蓄理財的觀念與習慣，才會慢慢變成有錢人。

4．蘭的故事

蘭的父親是退役的軍官，領終身俸，早年在新店的山上買了一個房子，還是當年別墅型的透天厝，所以上一代的生活無慮，而父親到43歲再婚時才娶了蘭的媽媽，所以蘭和父親差了45歲，蘭是典型八〇後的世代。

大學畢業後，蘭到一家美語中心擔任櫃檯接待工作，起薪二萬四千元扣除勞健保與交通費，蘭一個月實際所得是二萬，還好她住家裡，又帶媽媽的愛心便當，所以二萬元她可以自由使用，不過因為父親年紀大了，蘭也不敢掉以輕心，她每個月存1.6萬元，只留4千元做零用以及偶爾購置五分埔的平價衣物，三年下來她以投資報酬率約5.5～6.5％左右的速度，加上複利投資，她手上已累積了一筆70萬的資金。

當有一次父親住院必須在心臟裝上一支支架時，蘭捧了二十萬的現金給父親，想不到父親健康出院後，把20萬又還給了蘭，同時因為蘭能在那麼有限的收入下，竟然還能如此精打細算的理財，老人家心裡十分受用，他拿出了一本蘭在國中年代

到郵局開戶的存摺給她，說了一句：「既然妳已經有了理財的能力，我就把這本存摺送給妳！」

蘭打開一看，這本存摺每半年都會存入一筆五萬塊，從她開戶那年到現在已有十一年了，而裡面正好有110萬，蘭不知該怎麼辦才好時……父親又笑了笑，說：「妳遺傳了我的好習慣，我們父女都有理財的基因。」

原來父親每半年的終身俸都分成四份，他自己、媽媽、蘭，以及日常生活費，父親也知道自己年紀大了有著未雨綢繆的打算，難怪蘭覺得好奇怪，父親一年有將近百萬的終身俸，為什麼家裡過得那麼清苦簡單，她甚至還懷疑父親返鄉探親時，是不是偷偷地「污」了一些錢，給海峽對面的「陌生親人」呢！

好了，現在蘭手上馬上就會擁有兩百萬了，她必須再去找些財經雜誌來參考一下別人的理財方式，因為她也要變成一個有錢人。

第I章

做女強人，不如做個有實力的人

當面對一個自尊自愛、自強自立的女人時，相信每一個人都會由衷地欣賞她的美麗。

對於女人來說，不需要像男人一樣成為一個強人，有著無可匹敵的魄力，和強硬的手段，但女人必須做一個有實力者，去開創一份屬於自己的事業。

1．女人一定要先了解什麼叫「幸福」

會理財的女人，通常也能比別人更深刻地體會到幸福的含義。因為，會理財的女人往往是理性的，同時也是聰明的女人。她們知道該如何打理自己的生活，知道應該如何安置好自己的家人，知道該如何規劃自己的未來。

很多會理財的女人，通過理財感受到了一種切切實實的幸福。她們通過理財，在自己和家人的收入水準範圍之內，把小日子過得豐富多彩、幸福無比。一個家庭，在客觀條件一定的情況下，怎麼過，過得如何，區別是很大的。俗話說，「吃不窮，穿不窮，算計不到會受窮。」——說的正是這個道理。

當然，日子過得如何，外人也許看不出來，畢竟每個家庭、每個人的習慣，和他們所追求的生活目標是不一樣的，標準自然也應當有所區別，只有當事人感覺到

滿意了、開心了，日子才算是過好了。會過日子的女人，她能夠把小家庭一切繁雜的事務計劃得周全，哪怕是再拮据的日子，也能過得有模有樣的，一切事物井然有序，淡定自如、游刃有餘，似乎一切都在掌控之中。

我們都知道——

日子不是混的而是過的；

幸福不是想的而是營造的；

明天不是昨天的延續，而是今天付出的回報。

有的女人，的確也很會理財，但是，卻不懂得幸福的含義，總是因為錢而和丈夫吵架，因為覺得對方沒為這個家庭盡到責任。這類女人在節省開支的時候，不是想著家庭也不是想著孩子，而是想著為自己多準備點儲蓄，留點後路好讓自己不會一無所有。

最終，這些女人會失去家庭，失去愛，失去自由，失去美麗。失去人生的幸福，那是因為這些女人不懂家庭幸福的概念裡，不應該有斤斤計較，不應該有自私自利，不應該有忐忑不安的打算。取而代之的應該是從容、快樂、經營、溫馨等這些辭彙。

如果說，能夠在自己的經濟水準之內，把小日子過得精彩是一種幸福，那麼，還有一種幸福也是女人不可缺少的，那就是完成自己的夢想！

很多女人在為人妻、為人母之後，就偉大地捨棄了自己曾經的夢想，任由時間無情地將自己催老。其實，真正懂得幸福含義的女人知道，這一輩子需要為自己活一把，需要努力實現自己的夢想。

我們需要擁有自己的夢想，我們需要用夢想來證明、來體現我們的人生價值。同時，我們更需要無盡的愛！

我們理財，不只是為了增加銀行存款的數字而理財，而是希望通過理財讓自己的愛變得更豐盈。我們希望通過理財，讓家人過得更快樂；希望通過理財，讓愛人過得更加順利。

被別人的愛包圍著是一種幸福，去追求自己愛的也是一種幸福，彼此的相互傾慕是幸福，廝守一生也是幸福的。只要有愛，我們的幸福就不會那麼乾澀，我們的幸福也不會那麼短暫和淺薄。

2．有錢之前，先要有目標

目前，很多女性的理財存在一些誤區。往往缺乏專業知識，喜歡跟著一陣風潮。投資理財要看統計數字以及經濟分析，甚至政治等因素對理財投資都會產生影響，但許多女性對政治、經濟都有點「感冒」，她老覺得政治很無聊、數字很枯燥，因而常常蒙著眼跟隨親戚、朋友進行相似的投資理財。比如，有位投資者聽說閨蜜炒股賺了錢，便也心裡癢癢地「盲目跟進」去賺錢，結果恰逢大跌，一下子虧了幾年的積蓄，還為此跟丈夫吵架、鬧家庭革命。

在女性朋友中，這種盲目理財的情況並不少見。其實，任何事情的進行如果先有一個明確的目標，妳的思路就會清晰很多。因此，事先確定理財目標是成功投資的第一步。

當然了，確定理財目標，首先要了解自己的財務狀況，需要根據自己的實際情況來設定理財目標。而且，理財目標並不是一成不變的，在不同的階段，理財的目標也是不一樣的，它應該有長期、中期、短期之分。

在設定具體目標時，有幾個原則必須遵循：一、是要明確實現的日期；二、是要量化目標，用實際數字表示；三、是將目標實體化，假想目標已達成的情景，這樣可以加強人們想要達成的動力。

我們來看一個並不是很出名的女演員是怎麼理財的，這個女演員雖然沒有在演藝路上大紅大紫，但是在自己的理財路上卻走得很穩。她一畢業就買房，投資過股票，開過公司，做過生意，雖然不算「理財行家」，但至少算「理財能手」。正所謂「冰凍三尺，非一日之寒」，她的理財能力不是一蹴而幾的，而是經過數次投資實戰才磨鍊出來的。

大學時代她就是各種展場的show girl，一畢業即走入了演藝圈。

當時，她考慮到自己一個人也沒有太大開銷，而且也無須有所顧忌，所以，規劃了一下手裡的積蓄，先給自己確立了買房的目標，還確立了一年以後買車的目標，有了這些目標之後，她就開始想辦法向這些目標奮進。

「那時候手裡還沒有什麼積蓄，是父母的錢再加上貸款才買的小房子，然而三年後房子猛漲價格已經翻了一倍，於是我就換成現在住的大坪數……」

不只這樣，她還在東區買了兩個小套房，首先是租給人家，現在價格好，她又轉手撈了一筆……因為有投資的決心和勇氣，更因為有了明確的奮鬥目標，所以，不但在畢業一年以後，就順利地實現了她當初給自己定下的理財目標，而且目前已成為一個小富婆。

如果說該女演員是名人，名人的收入相對偏高，她們理財時更容易樹立較高目標的話，我們不妨來看一個收入程度，與我們差不多的中年媽媽是怎麼理財的。

李芸在一家大企業擔任財務會計的工作，這幾年看到不少同事炒股賺錢，她也曾動過心。不過，這些年她依靠科學理財，同樣使自己的家庭資產，像滾雪球一樣越滾越大。

說起家庭理財，李芸從十幾年前就開始了。那時她和老公勤儉持家，在婚後的前五年，她與老公將理財目標定在了穩定、存錢這個方案上，於是，五年後，他們有了第一筆積蓄。

當時多數人都是「有錢存銀行」，但是，她卻加入了一個銀行類似標會性質的理財方式，結果在低利率的時代，她的獲利卻高了好幾倍，之後再以複利方式擴大投資……結果五年下來，她的本息正好翻了一番，再一次實現了她的目標。

翻了一番的資產，讓李芸對自己家庭生活的經濟狀況更加放心，她拿出一部分錢放在銀行，以保證家裡萬一出現意外時，能夠有防備的資金，並再次定下了第三階段的理財目標，那就是再次提高風險的投資。於是，她又果斷地把閑餘的積蓄投入到了股市之中。當然股市的風雲，變化萬千她淺嘗之後，認為不適合自己的個性，就在二〇〇八總統大選之後的第三個月，全部出清，也賺了將近四成……

這幾年，理財市場上不斷推出信託和開放式基金。這個時候，孩子慢慢大了。所以，她再次改變了理財的目標，她需要更加穩定的收益，還需要多樣化

的收益。於是她為孩子買了一份足夠到留學回來的教育基金，另外又買了一些政府公債（當做是定存）和開放式基金，算下來，她每年的理財收益，竟然是她薪資的兩倍左右，真是不簡單！

就是這樣一個收入水準的女人，最後因為理財目標的不斷調整和努力實現，而使得她的資產比很多高收入人群的資產還要多得多。正所謂──「你不理財，財不理你。」

當然了，理財與年齡無關，年輕的女性朋友們一樣可以根據妳個人的情況，制定自己的理財目標。

小珍是軟體工程師，工作三年有餘，單身的她，一直信奉「對自己好一點」的原則，薪水大部分花在了美容健身上，或是下班之後的快樂時光，一到月底就變成捉襟見肘的「月光族」。眼見身邊朋友一個個買房購車，她形容自己的心情可真是「跌到谷底」了。

一個偶然的機會，她聽朋友談到了理財收益，便決定改變自己以前的花費習慣，向理財道路進軍，決定也要讓自己這個單身貴族，真的「貴」起來，來實現買車的夢想。

於是，她開始縮減開支，積攢積蓄，並開始有意接觸財經類的資訊。原本只打算小試身手，結果一研究起來就大呼「過癮」，她每天一回家就鎖定電視財經節目，還買回各種財經雜誌來參考，後期更是開始研究商業法律，為投資墊底。接著，她拿著很早以前就存下的幾萬元現金大膽入市，從未嘗試過股票買賣的她，笑稱自己「很瞎很大膽」。

再之後，每月三分之二的收入她都拿出來買基金等。結果，股市一直見漲，上漲指數水漲船高了五成多，小珍的股票也跑贏了大盤，收益率達到了60%。另外，買入的四支基金的收益也有接近20%左右，買車的日子已經是指日可待了。

不過，小珍學會了理財之後，她的目標已經不是買車了，（因為買車是消耗品、是賠錢貨——她的話），她的目標已經改為先買小房子，在目標的指引

下，小珍開始更進一步地理財，希望早日達成她有產階級的目標。

沒有目標的理財是徒勞的，因為那樣的理財到頭來只是一堆空資料而已。收支表中的問題，因為沒有目標的指引而無法被妳發現，即使發現了，由於沒有目標，妳也懶得改變，那麼，儘管妳是勤勤懇懇地在理財，但是，財卻依然懶得搭理妳。所以，還是在理財之初，就給自己確定一個理財目標——然後，向它進軍！

總之，作為女人必須要有明確的目標，甚至是野心，找到了目標，妳就已成功了一半。妳要知道自己想要幹什麼，然後將這些目標付諸行動，這樣妳才能開始從窮人變成有錢人。

3．我們都處在一個靠能力說話的時代

一份職場調查顯示：有78％的經理人認可「職場中性」。這說明在職場中，老闆看中的是業績和能力，而非男女性別。在工作中，沒有人因為妳是女性，會使用

「撒嬌」手腕，就降低對妳的要求，給妳打開方便之門。在職場中，沒有性別可言，一切都得靠實力說話。

幾年前，她大學畢業後，找了一份發展所學專業的工作，但是她始終沒有擺脫上學時嬌嬌女的脾氣，總認為自己剛剛步入社會，工作中的同事和客戶都應該讓著自己，不會刁難自己。她總是認為工作沒什麼難的，完不成任務時對自己的主管哭訴一下撒撒嬌就行了，可是，她錯了。

由於她的工作不積極主動，她工作業績直線下降。所以當主管找她談話時，她依然認為哭訴一下主管就會原諒她。但是，主管不僅沒有原諒她，還狠狠地訓斥了她。後來，她終於明白，在工作中沒有人把她當做女人，只有努力積累自己的工作經驗，有一定的工作能力，靠自己的實力把工作做好，才能贏得別人的尊重。

因此，在職場中，女人要踏踏實實地努力工作。如果妳想在資訊產業嶄露頭

角，就應該提高自己的編程能力和組織架構能力；如果妳想在金融行業穩穩立足，除了財經專業就要考取各類的證照；如果妳想在旅遊行業成為佼佼者，就要熟練地牢記各個景點，以及每個景點的文化與典故知識……

這是一個靠能力說話的時代。有了實力，妳才會被重視，在工作中，妳的意見和建議，才會引起上級的關注。實力可以讓妳時常體會到工作的樂趣，以及自己創作的價值，最關鍵的是可以獲得很大的財富。

如何讓自己在工作中擁有強大的實力？完善自己、充實自己是必不可少的。而充分利用女性的魅力與職業能力，將兩者很好地結合是打造實力的關鍵因素。

事實上，許多職業女性大都是「一半是水，一半是火」，既不乏溫柔、細膩與親和力，又精明、果斷和能幹。她們以女性特有的氣質、風采，在職場像彩蝶般地飛舞，贏得了事業的成功，獲得了令人羨慕的財富。

第2章

要有錢，就不要看輕小錢

希望有錢的女人有很多，
可是，真正有錢的女人卻很少。

沒錢的女人總是羨慕有錢的女人，不知道她們用什麼訣竅賺到了那麼多的財富。有些女人通過為自己找長期飯票的方法，來讓自己變得「有錢」，殊不知，這種方法只是一時的有錢，那些錢並非真正屬於妳自己。所以，我們還是佩服那些能夠依靠自己的能力在奮鬥中、在點滴的積累中，讓自己變得有錢的女人。一句話：想要有錢，一定要從點滴開始。

1．不積小流，無以成江河

一名世界銷售大師的退休大會，吸引了行業的眾多精英參加，當別人詢問他成功的祕訣時，他微笑著表示不必多說。這時，全場燈光暗了下來，接著從會場一側出現了四名彪形大漢，合力扛著一座鐵馬，鐵馬下垂著一隻大鐵球。當在場人士丈二和尚摸不著頭腦時，鐵馬被抬到講臺上了。

大師走上台，朝鐵球敲了一下，鐵球沒有動，隔了5秒，他又敲了一下，還是沒動，於是他每隔5秒就敲一下，持續不停，好長時間過去了，鐵球卻依

舊一動也沒動。

漸漸地，台下的人開始騷動了……陸續有人離場而去……但銷售大師還是自顧自地敲鐵球。人越走越多，留下來的只剩零星的幾個。

經過40分鐘後，大鐵球終於開始慢慢晃動了。這時大力搖晃的鐵球，就算任何人努力阻擋也停不下來了。

當笨重的鐵球一旦動了起來，你擋都擋不住。這就是點滴力量累積後的「巨大能量」！想變成有錢人，妳也需要走這條用「點滴」鋪起來的道路。

我們所說的從點滴開始，對剛剛開始規劃自己財富之路的女人們來說，主要包括三個方面：從點滴開始做人、從點滴開始省錢、從點滴開始賺錢。

想要變得有錢，先從省錢開始！妳千萬不要小看平時所花的點滴碎錢，積攢起來會令妳大吃一驚！不信，請看莉娜某個月的消費分項紀錄：

1・房租　七千元

2・伙食費　八千元

3・交通費　一千五百元（正常上班通勤加上三次計程車）

4・交際費　二千元（與朋友聚會兩次，一次去唱卡拉OK。）

5・看電影　六百元（兩場）

6・電話費　一千二百元（手機）

7・電視購物　一千八百元（衣服）

8・健康食品　一千五百元（瘦身用的）

9・其他雜項　二千元（便利商店，以及大賣場日用品。）

【總計・25,600元】

莉娜目前大約每月薪水扣除勞健保等，實拿二萬七千元左右，這樣一來，月底只剩下一千四百元左右。一個月的收入將近三萬元，可是剩下的錢，卻屈指可數。

這估計是很多女人共有的狀況。這還只是單身女人的情況，已經有家庭的女人恐怕更加鬱悶，總是掰著指頭過日子，都還是過不贏日子。為什麼？就是因為在該省錢的時候沒有省錢，結果導致了在應該花錢的時候、花不出錢。

錢要用在刀刃上，儘量不花冤枉錢。那麼，究竟該如何來省錢呢？

1．物盡其用勿過期

食品要及時吃，物品要適時用，過了保存期及使用年限就是浪費。因此，對於家中所有的物品都要經常拿出來看一看，即使暫時用不上，也要知其是否損壞，以確保下次使用時安全可靠。對大型物品，如空調、冰箱、電腦、汽機車等，保養好了，能延長使用壽命，無形當中就節省了開支。

2．關愛健康少藥費

現在很流行的一句問候語就是——「身體好嗎？」的確，不管是多麼有錢，只要疾病來襲，總是一件很掃興的事。因此，保持健康的身體，必須注重食品衛生，防止病從口入，要加強鍛鍊，愛惜身體這個「本錢」，以達到少花醫藥費的目的。

3．躲避風險保平安

平安是福也是財，人的一生平平安安，才是最重要的。因此，當妳面對一件可以掙大錢的差事，但卻又隱藏著不安全的風險時，勸妳別搶著往裡擠。在人多擁擠的地方購物時，不要只顧著貪便宜，要小心別買進不實用或有瑕疵的物件，要看管好自己的荷包。

此外，已經有了家庭的女性朋友，更需要注意在日常生活中來省錢，這樣，一年365天下來，省下的可不是一丁點。妳每個禮拜都需要購物吧？怎麼購物省錢？簡單！看看妳周圍的大超市幾點關門，提前一小時到就可以了。大超市都不賣隔夜的食品，每到打烊前一個小時左右，就會開始打折出清，要撿便宜就去吧。

此外，在超市買東西還要注意，最好購買超市的自有品牌。尤其是一些日用品，大型超市的自創品牌與廣告上常見的品牌，質量上差別不大（他們也注重信譽問題），但是價格卻只是名牌的一半多一點。

可能已經習慣了大手大腳花錢的妳，會有些瞧不起這些省錢的方法，但是，妳可別忘了，這些點滴的小事，會慢慢匯集成大海的力量，讓妳縮短變成富人的時間。妳需要明白，妳雖然擁有財富，但卻沒有浪費的權利。是的，下次約會的時候也這樣想吧，兩個人點一份套餐，或者點一份主食。別以為這樣是寒酸，吃飯七分飽對健康最有好處。

節約的原則就是避免浪費，資源是有限的，最充分地利用資源才是最科學的節約。比如，在餐館吃飯時要將點菜量控制在剛剛好的範圍；儘量自己清洗衣物，因為洗衣服也是一種鍛鍊，而且光是洗衣服的費用，已經可以再買很多衣服了。（以襯衫做例子，洗一次60元，洗上12次就足夠買一件高級白襯衫了。以此類推……）

聰明的女人不會讓自己的錢像水一樣流掉，而是會將自己的錢當做油來用。用多了，菜膩，生活也奢靡了；用少了，菜不香，生活也寒酸了。

所以，能夠把自己的錢當做油來用的女人，一定是最聰明的女人，這類女人最具有變成有錢人的潛質。

最後，要想變得有錢，還要學會從點滴處來賺錢。

很多人都只知道靠自己的努力工作賺錢，卻不知道如何抓住點點滴滴的機會來賺錢。

比方說：一個人用一千元買了50雙拖鞋，拿到地攤上每雙賣30元，一共得到了一千五百元。另一個人，將一千元全部用來買油鹽米等日用品。同樣是一千元，前一個一千元通過經營增值了，成為資本。後一個一千元在價值上沒有任何改變，只不過是一筆生活支出。

貧窮者的可悲就在於，他的錢很難變成資本，更沒有資本意識和經營資本的經驗與技巧，所以，貧窮者就只能一直窮下去。

如果妳不想自己一直貧窮下去，不希望自己一直省吃儉用、卻還是處於沒錢的狀態，就不要錯過任何可以賺錢的機會，克服自己的惰性，讓自己「積點滴成大海」，成為真正有錢的女人！

2．女人一定要給人生的財富做策劃

任何一個女人，對於任何一件事，沒有目標就會沒有方向，沒有規劃就沒有步驟，追逐財富也要有具體的目標，但是追逐財富不是目標越高越好，它必須根據自己的實際狀況而確立。確立了目標，就是選擇了財富的方向，選擇了方向，實際上就選擇了致富的道路。

一般來說，確立財富目標時，必須遵循以下幾個原則——

一、**是具體衡量性原則**　如果財富的目標是——「我要做個很富有的人」、「我會發達」、「我要擁有全世界」、「我要做何麗玲」……那麼可以肯定妳很難富起來，因為妳的目標是那麼抽象、空泛，而這些是極容易移動的目標。

最重要的是要具體可數，比如，妳要從什麼職業做起，要爭取達到多少收益……等等。此外，這個目標是否有一半機會成功，如果沒有一半機會成功的話，請暫時把目標降低，務求它有一半成功的機會，在日後當它成功後再來調高。

二、是具體時間性原則　要完成整個目標，妳要給自己訂出「期限」，為了要在何時把它「完成」，妳就要制定完成過程中的每一個步驟，而完成每一個步驟都要訂出期限。

三、是具體方向性原則　也就是說，妳要做什麼事，必須十分明確與執著，不可東一榔頭、西一棒槌，朝三暮四。如果妳有一個只有一半機會完成的目標，等於有一半機會失敗，當中必然會遇到無數的障礙、困難和痛苦，使妳遠離或脫離目標路線。

所以必須確實了解妳的目標，必須預料妳在完成目標過程中會遇到什麼困難，然後逐一把它詳盡記錄下來，加以分析，評估風險，把它們依重要性排列出來，與有經驗的人研究商討，把它解決。

一般來說，一個完備的理財計畫包括八個方面——

1．職業計畫

選擇職業是人生中第一次較重大的抉擇，特別是對那些剛畢業的大學生來說，

更是如此。

2．消費和儲蓄計畫

妳必須決定一年的收入裡有多少用於當前消費，多少用於儲蓄。然後編製相關的資產負債表、年度收支表和預算表。

3．債務計畫

很少有人在一生中能沒有債務。債務能幫助我們在長長的一生中均衡消費，但我們對債務必須加以管理，使其控制在一個適當的水準上，並且債務成本要盡可能降低（例如，把信用卡循環利息改為分期償還的小額信貸）。

4．保險計畫

隨著妳事業的成功，妳擁有越來越多的固定資產：車子、房子、黃金、外幣，等等，這時妳需要更多的財產（產物）保險。為使妳的子女在妳離開後仍能生活幸福，妳也需要儲蓄性質的人壽保險。更重要的是，為了應付疾病和其他意外傷害，妳需要醫療保險。

5．投資計畫

當我們的儲蓄一天天增加的時候，最迫切的就是尋找一種投資組合，能夠把收益性、安全性，和流動性三者兼而得之。

6．退休計畫

退休計畫主要包括退休後的生活需求，及如何在不工作的情況下滿足這些需求。要想退休後生活得舒適、美滿，就必須在有工作能力時積累一筆相當的退休金作為補充，因為政府的社會養老保險目前尚不能滿足人們的基本生活需要。

7．遺產計畫

遺產計畫中主要處理人們在將財產留給繼承人時繳稅的問題。這個問題很多人

（尤其是有錢人）都在生前即用贈與等不同的方式，將財產過戶給成年兒女了。遺產計畫的主要內容是一份適當的遺囑，和一整套節稅措施。

8．所得稅計畫

個人所得稅是政府對個人成功的分享。在合法的基礎上，妳完全可以通過調整自己的收入，達到合法避稅的效果。

很多年輕女性都認為自己只掙了那麼一點錢，要富也富不了，所以她們總是讓自己的錢，在不知不覺中花掉了。

露露和莉莉是一對好朋友，有一天兩人相約去逛街，剛好有個知名品牌的服裝正在打折。於是，露露東挑西選地拿了一大堆，但莉莉卻只拿了一件經典款式的上裝，準備付賬。

露露很驚訝：「妳就買了一件？」

「嗯，我想存點錢買個套房，所以得省一點。」

「可是現在很便宜呢，買了很划算！」

莉莉還是搖了搖頭。

多年後，莉莉用節省下來的錢從一間小套房開始投資，到現在已買賣過五間套房。由於這幾年房價狂飆，才三十五歲的她，已成為一位名副其實的小富婆了。而露露，依然守著每個月幾萬塊的薪水「捉襟見肘」地過日子。

辛苦賺來的錢，當然要用它來為自己的幸福加分。美麗的女人懂得投資裝修自己的門面，而聰明的女人卻懂得投資理財，真正把錢留住，並且錢滾錢。要想做一個既聰明又漂亮的女人，就要學會利用好自己辛苦賺來的錢投資自己的生活，這才是聰明女人的聰明選擇。

3．聰明女性的理財方略

月月領薪水的女性面對的消費陷阱很多，她們只有具備一定的理財意識，才能很好地規劃自己的金錢。職場女士可以選擇下面這幾種理財方略：

1．多種投資

女性對於需要冒險精神、判斷力和財經知識的投資方案，總是有點敬而遠之——認為它太麻煩。但是當她們簡單地將錢存入銀行，而不去考慮投資回報和通貨膨脹的問題，或太過投機而使自己的財產處於極大的損失危險之中時，她們卻忽略了這些不動點腦子的行為，將給她們帶來更大的麻煩。

2．培養商業新聞的熟悉度

每天固定花費5～10分鐘翻閱商業新聞頭條，或收看財經節目等，一方面培養對財經新聞的熟悉度，另一方面亦可與妳的投資行情保持親近。

3．每星期固定與朋友談論有關投資理財事宜

每星期固定與比妳更了解財經知識的朋友，談論有關投資理財的話題，目的是學習相關財經知識並減輕妳對投資的恐懼感。女性經常羞於詢問他人，因為她們害怕別人認為自己所問的問題，太過簡單或沒意義，一定要消除這種想法，其實做起來也很容易——不恥下問。

4．開拓財路

對於精力充沛又少有家事拖累的年輕人來說，利用業餘時間做兼職不僅可以鍛鍊自己的能力，還可以增加收入，一舉兩得。此外，妳還要培養和提高與工作相關的技能，增強謀生的能力。

5．馬上行動

不要等到五、六十歲時，才開始計劃為退休而儲蓄。對人生投資而言，越早開始行動，對投資人越有利。

6．專注工作，投資自我

雖然善於操盤投資理財，不失為女性致富的一種途徑，但讓妳獲得財富並獲得成就感的還應該是妳的工作。畢竟，通過努力工作獲得豐厚的報酬和個人成長，是一條最踏實穩健的投資理財之路。

第3章

手握友情存摺，積累人際資本

從經濟學的角度來看，
好朋友是「恒久財」，
壞朋友是「消耗財」。

好朋友會帶著妳一同成長，奔赴更加美好的「錢程」；而壞朋友卻總是拉著妳向相反的方向行進，讓妳離自己的理想越來越遠。聰明的女人要學會在人生中儲備更多的「恒久財」。一旦擁有了很多的貴人，妳一定可以「非富即貴」，改變自己的人生。

1．朋友如財富，易求難守

有人說：「朋友如財富，易求難守。」

確實，財富不是一輩子的朋友，朋友卻是一輩子的財富。

與朋友之間的交往，就像存錢一樣，平時儲蓄一點一滴……幾年之後，就會有一筆數目不小的錢了。與朋友之間的關係同樣需要用「心」去維護和經營，平時互相之間不來往，相當於不存錢；有事才想到找朋友幫忙，相當於只會從存摺中提錢，只提不存，存摺遲早是會空的。

以這種方式和朋友相處，朋友資源最終會枯竭。平時要多與朋友聯繫，感謝朋

友的關心和幫助，同時也要適當地拜訪朋友，主動關心朋友、幫助朋友，這樣才可以增加彼此之間的感情。雖然結交朋友有功利性目的，但並不是與朋友之間的每一次來往，都是以利益來估計的。與朋友之間的大部分交往，都是出於感情交流的目的。朋友之間的感情需要一點一滴的累積，也就是不斷地為妳的人脈關係添加潤滑劑，使妳的人脈關係更柔韌。

對於那些已經退休的前輩或上司，也要與他們多親近，並博得他們的賞識。毫無疑問，退休者最難過的是那種門可羅雀的景象。退休後，他們在心理上自然會有些失落。這時若有人像以前那麼尊敬他，他必會為之感動。妳可在平時饋贈一些他喜歡的東西，以虔誠的態度向他請教，對於他的經驗之談，要表現出樂意傾聽的樣子，使他有重溫過去美好時光的感覺。退休者並不等於沒有發言權，有時候還具有意想不到的影響力。

娜是南部某學院的一名普通職員，她與企管系的劉主任同樣是來自海岸線的大甲鎮，所以關係非常好。而據小道消息說劉主任很可能在年內就會調任人事處的處長一職，如果消息確切，那麼娜將來的日子就會比較好過。然而世事難料，年底人員調整時，劉主任卻被調去圖書館當館長了。

這樣一來，原本許多想與劉主任拉關係的人立刻不見了，讓劉主任見識到了「人走茶涼」的情景。就在這時，娜來找劉主任了，她說道：「劉主任，這沒什麼大不了的，哪天咱們一起去安平吃海鮮散散心吧！」娜的出現使處在難過時期的劉主任，十分感動。

從那以後，娜也經常去找劉主任聊天或陪他喝杯茶。一年半後，該學院的院長調走了，新來的院長把劉主任提拔為主管人事的處長，這樣，娜自然成了新處長的左右手了。

娜是個聰明人，她始終沒有放棄像父執輩的劉主任，而她的真心相待，也為她自己帶來了很大的回報。

為了不使好不容易才建立起來的人際關係毀於一旦，女人一定要在日常生活中廣織「關係網」，且不要與人失去聯絡，不要只在有急事時才想到別人。因為「關

係」就像一把剪刀，常常磨才不會生銹，若是長時間不聯繫，妳就可能失去這位朋友了。

2．妥善經營自己的友誼

俗話說，友誼是需要經營的，就如同我們在朋友銀行中開一個友情帳號一般，妳不能每次都趕3點半，或是一次又一次地全領光光。雖然好朋友在關鍵時刻，還可以「透支」，但是，只進不出的人生經營，到最後帳戶會全部歸零，朋友就不能再為妳服務。不能同甘共苦的朋友，最後就會減損雙方戶頭裡的籌碼實力。

但是，好的朋友卻可以讓這本存摺生生不息，就像是個穩定而又高利率的定存一般，讓妳每次看到帳戶裡的數字，都會發出會心的一笑。

朋友銀行中，在微妙的存與取之間，就已決定了朋友間的友好度。對大多數女性朋友而言，姐妹情誼是成長過程中的生活重心，女性朋友間總是分享著彼此間最私密的交心，但當男人開始進入女人的生活領域時，女人可能就會開始忽視她的女朋友。

沒有人天生有義務要對我們好，而是我們要主動去關心、照顧別人，才會交到好朋友。朋友和爸媽不同，是不會從天上掉下來的！

一位以善於交際的「社交名媛」，有一次故意收斂她那常見的開朗愉快的笑容，板起面孔走進一處公眾場所，結果沒有一個人和她打招呼。她後來說：「謝天謝地，幸虧我本性就喜歡先找人講話，先向人微笑！」

女人在結婚後還是要繼續結交好朋友的，但是，結交好朋友的意義，不是只為了在面對婚姻生活孤立無援時，可以找人傾訴，而是要在人生中繼續吸引養分，讓自己的心靈茁壯成長。

那麼，如何建立自己的人脈？

1．注意蒐集資訊

在與人交談時，仔細而且積極地傾聽，並且通過提問，還可以讓談話朝著妳希望的方向發展。為了事業的發展，妳應該蒐集一些相關聯繫方式和值得了解的各種

資訊。

2．要積極參加各種活動

公司的各種活動都可以為妳提供擴大交際圈的機會。妳可事先思考一下，妳希望認識哪些人，然後蒐集一些可以參與這些人交談中去的資訊。只有多參加各種活動，才有可能把自己推銷出去，同時還能與同性交流一些知識與經驗，使自己成功的腳步更穩健、更扎實。

3．積極利用各種集會時間

利用講座休息時或者午餐時，結交一些妳的同事、主管，以及妳身邊不熟悉的人。因為事業的成功也可能是在其他時間取得的。不過，要結交朋友的條件是，妳也必須不斷充實自己，自己有料，才能結交到有料的朋友。

3．多施小惠，積累人情資本

派克巴羅特是法國國家馬戲團的著名馴獸師。他有一個「狗與小馬」的節目非常受人歡迎，尤其是他訓練狗的樣子特別有意思。旁人會發現，當狗有了一點點的進步時，派克巴羅特便會去拍拍牠，誇獎牠，還給牠肉吃，並逗牠一陣子。

當然，這並不是什麼新鮮的玩意兒，因為幾個世紀以來，大多數馴獸師都採用這樣的方法去訓練動物。這對妳是不是有所啟發呢？

人際關係心理學家告訴我們，互利是人際交往的一個基本原則。我們的社會提倡奉獻和利他精神，但這只是一種最高層次的人際交往境界，很難要求所有人都能做到這一點。

人為什麼需要與人交往呢？儘管每個人具體的交往動機各不相同，但最基本的動機都是為了從交往對象那裡滿足自己的某些需求。實際上，人際交往中的互惠互利，也是合乎我們這個社會的道德規範的。

所謂「互利原則」，既包括物質方面的，也包括精神方面的。由於受傳統觀念的影響，過去人們交往中更願意談人情，而忌諱談功利。事實上，人與人之間的交往需求是多層次的，粗略地可以分為兩個基本層次：一個層次是以情感定向的人際交往，比如親情、友情、愛情；另一個層次是以功利定向的人際交往，也就是為實現某種功利目的而交往。

現實中人們時常會自覺或是不自覺地將這兩種情況交織在一起。有時候既是功利目的交往，也會使人彼此產生感情的溝通和反應；有時候雖然是情感領域的交往，也會帶來彼此物質利益上的互相幫助和支持。還有，在人的各種交往中，有時是為了滿足物質需求，有時則是為了滿足精神的需求。

換言之，人際交往的最基本動機就在於希望從交往對象那裡得到自己需求的滿足。這種滿足，既有精神上的，也有物質上的。所以，按照人際交往的互利原則，人們實際上採取的策略是：既要感情，也要功利。

不管是感情還是功利，既然人際交往是互利的，是為了滿足雙方各自的需求，那麼人際交往的延續就有一個必要的條件：交往雙方的需求和需求的滿足必須保持平衡。否則，人際交往就會中斷。也就是說，人際交往的發展要在雙方需求平衡、利益均等的條件下才能進行。

生活中常常見到有人抱怨朋友缺乏友情，甚至不講交情。其實說穿了，抱怨的一方往往是由於自己的某種需求沒有獲得滿足，而這種需要往往也是非常功利的。

所以，我們不必一味追求所謂的「沒有任何功利色彩的友情」，也不必輕率地抱怨別人沒有「友情」不夠意思。我們只需要坦率地承認：互利，是人際交往的一個基本原則；既要感情又要功利，是人際交往的一個常規策略；需求平衡、利益均等，是人際交往的一個必要條件。

當朋友之間的交往出現障礙時，我們還是得先看看在人際交往上到底是哪裡出了毛病，先反省自己、再看清事實。

心理學中，人際交換交易的六大定律之一的價值實現定律指出：追求社會報酬是人們社會行為的基本動機，而交換交易則是實現社會報酬的一個基本途徑。

一個人在社會交往中得到的報酬，往往會使其他人付出一定的代價。人們之所以通過社會交換形式進行相互交往，是因為他們都能從他們的交往、交換之中，得

到某種益處。

進一步看，我們還會發現，基於人們追求利益最大化的理性主義原則，在交換過程中，人們在各種可供選擇的潛在夥伴或行動路線中進行選擇，具體方法是：按照自己的偏好等級，對其中每一個人或行動的體驗或預期的體驗做出比較、評價，然後從中選出最好的、能夠給自己帶來最大利益的交換夥伴。

當然，幫助別人時也要掌握一些基本要領，如施恩時不要說得過於直露、挑得太明，以免令對方感到丟了面子、臉上無光；已經給別人幫過的忙，更不要四處張揚；施恩不可一次過多，以免給對方造成還債負擔，甚至因為受之有恥，與妳斷交；給人好處還要注意選擇對象，像狼一樣餵不飽的人，妳幫他的忙，說不定還會被反咬一口。

總之，親愛的女性朋友，在人際交往中，我們要做熱心人，見到給人幫忙的機會，要立刻衝上去，因為人情就是財富，人際關係一個最基本的目的就是結人情、有人緣。要像愛錢一樣喜歡情意，方能左右逢源。求人幫忙是被動的，可如果別人欠了妳的人情，求別人辦事自然會很容易，有時甚至不用自己開口。做人做得如此風光，大多與善於結交人情、樂善好施有關。

交往中別忘了施小惠，這是人情關係學中最基本的策略和手段，是開發利用人際關係資源，最為穩妥的靈驗功夫。

4．無事也要常登三寶殿

紅樓夢中有這樣一段，一日大夥兒在怡紅院說笑，說起暹羅進貢的茶，大家都說不好，唯獨黛玉說吃著好，於是鳳姐就說她那兒還有，黛玉道：「果真的，我就派丫頭去取去。」鳳姐道：「不用取去，我打發人送來就是了。我明兒還有一件事求妳，一同打發人送來。」林妹妹說：「妳們聽聽，這是吃了他們家一點子茶葉，就來使喚人了。」

想想若不是鳳姐有先見之明，便貿然叫她做事，豈不更得罪了她？又或者，黛玉有一點不願意，只推說身上不好，懶得動，也就推得乾淨，誰也拿她沒轍。

生活中的友情也是如此。如果平時沒什麼聯繫，只是等到需要朋友幫忙了才去登門造訪，不免令人懷疑這個人太勢利了，老是在利用自己。至少，這種情形無法發展成健全的人際關係。因此，平時有事沒事常到朋友家走動走動，以加強彼此關係，看來還是必要的。

現代人的交往常遭遇這樣的尷尬：對交情一般的人，有事要找對方的時候，少不得先聯絡感情。有人是先在電話裡寒暄幾句，也有人提前十天半個月先找對方吃個飯、敘敘舊。可不管哪種方式，一旦對方發現了真相，心裡難免不舒服，原來妳是在利用我的感情！為什麼「臨時抱佛腳」如此令人反感？為什麼太「勢利」的朋友不招人待見？（指說話、辦事讓人不痛快）

其實，之所以感到失落，是因為我們還固守著「熟人社會」中形成的許多期望：有幾個摯愛的親人、許多熟人、不多的一些生人。而在人員流動比較大、不穩定的城市群體中，人們忙於應酬的結果，放眼望去，才發現自己的朋友都是泛泛之交，熟人和親人卻是寥寥無幾，這種落差促成了都市人內心裡深深的寂寞。

印第安人有一句諺語——「別走得太快，等一等靈魂！」

對那些妳想與之交往的人，在大家都空閒時，不妨登門造訪，多少聚一聚，即使是無目的地一起做些瑣事，閒聊、閒逛，也有益於心靈，也能在危急時「得道多助」、有求必應。

莉曾偶然去一位做老闆的客戶公司走動，發現他根本沒在談生意都是在扯一些——「張課長妳兒子上幼稚園的事情辦好了嗎？」、「王經理，你的胃痛有沒有好一點？」、「蜜斯劉，妳最近好像越來越苗條了？」

莉十分不解，就問這個老闆，這算是做生意嗎？都是些瑣事啊！

結果，這位老闆見怪不怪地反問她：「妳想怎麼樣？一年半載都沒消息，等到無事不登三寶殿時——人家還認識妳是誰嗎？」

一句話，也許會讓我們所有的人都啞口無言。的確是的，對朋友，有時候的確需要一點虔敬之心。當他是至愛至重要的人或者三寶殿，別忘了有事沒事去溜達一下，也許喝杯茶，也許看看夕陽，哪怕什麼也不做呢，總比完全不搭理要好！

無事也登三寶殿，大家聚在一起聊聊天、訴訴酸甜苦辣、談談工作理念、談談未來方向，不也挺好？

週末，小芸和阿麗一起去找依依玩，在那兒住了一夜。一時間，才發現朋友們偶然聚聚，竟會有那麼多的感觸。

小芸說：依依現在好忙，沒怎麼變；雖然阿麗說她現在不再像個學生了，更像是個白領上班族了，可實際上又沒什麼變化，衣服沒變，人也沒變，做事的方式也沒變，只是角色定位變了而已，而且，每次和同學、朋友聚會，阿麗都是最大方的那個人，從來不吝嗇。

等到眾人問到小芸過得怎樣，小芸才意識到，其實自己的日子就是混著過……曾經的輝煌成績已成過去，明天到底會是怎樣的，多彩還是黑白的呢？小芸在朋友們的聚會中才忽然發現，自己如今的日子原來平淡如水。

這就是多與朋友聚聚的收穫。多登登朋友的三寶殿，妳的思維便不會太受限制；多登登朋友的家門，妳就會發現不一樣的世界；多去了解朋友的近況，妳才會少一些牢騷、多一些動力。人有比較之下，才會發現自己的不足！

無事也常登三寶殿，妳總能尋到妳需要的寶貝。這種寶貝會在妳的心裡生根發芽，會在妳的心裡留下美好的回憶，會成為妳日後回憶的一個夢境。

5．用真誠去經營友誼

可能很多人都知道這樣一個寓言故事──

一個年輕人在人生路上走到一個渡口的時候，已經擁有了「健康」、「美麗」、「機遇」、「才學」、「金錢」、「真誠」、「名譽」這七個背囊。渡船開出後險象環生，船老大說：「你必須丟下所有的背囊，只能留下一個，方可脫險。」

年輕人思索片刻後，把「真誠」等背囊全部拋進了水裡，只留下一個自以

為十分重要的「名譽」。

在那以後的人生道路上，這個年輕人駕馭的孤舟便漂泊在了茫茫大海之中，只有無助、孤獨、寂寞伴他一生。

我們可不希望成為像這個年輕人一樣孤獨的人。要想不孤獨，只有一種方法，真誠待人，尤其是對妳的朋友。

真誠的友誼會像露珠一樣純潔，像陽光一樣和煦。真誠的友誼是朋友間一種美好的、高尚的情感交流，是相互支持、幫助、合作。真誠的友誼不會因時間流水的沖洗而變淡，也不會因爭吵而破裂，更不會因金錢的多少、地位的懸殊而斷絕。

真誠的友誼更是一種默契，不必追求，需要的時候它自然就會出現。真誠的友誼是在妳最需要的時候，可以不計任何報酬地給予，是在妳最困難的時候陪妳前行的動力，是在妳最失落時寬厚的肩膀，更是妳生命中最不可或缺的力量。

在喧囂的都市裡，我們渴望在歲月的枝頭上綻開友誼的花朵，渴望在孤獨的心靈上聆聽到最真的祝福。但是，僅僅渴望是不夠的，沒有真誠的汗水澆灌，美好的友誼不會來到妳身邊，只有真心對待，誠實栽培，友情之樹才能常青不倒。

人們總認為演藝圈是一座名利場，賺錢是許多人的首要目的，競爭壓倒一切。然而，率直坦誠、心地純良的蔡少芬和率性真誠、個性爽直的陳慧珊自首次相遇後就結為摯友，她們的友誼也堪稱香港娛樂圈的一朵奇葩。

陳慧珊曾說過蔡少芬是她在娛樂圈裡最好的女性拍擋，也是她能夠交心的最好的朋友之一。蔡少芬則說，我最好的朋友是陳慧珊，我們多次合作，個性和性格非常相似，尤其以前我們曾在劇集裡扮演好友。我們相互間非常了解，動作、眼神和預期的反應，彼此都能夠相互讀懂。我們心裡怎麼想，就可以開誠布公地說出來，而且我們之間不用擔心競爭。

在娛樂圈，能夠有這麼真誠的友誼，不能不說難能可貴，但是，我們也應該知道，友誼永遠不是一個人的事情，它是兩人坦誠相見的結晶。

還有兩個漂亮的北京姑娘是在為某雜誌的封面拍攝時相識的。因為有著相同的成長環境、相同的廣告封面女郎的經歷，一見如故的兩人在傾談之下，發現雙方無論是性格、還是為人處世的態度都十分接近，於是發展成了無話不談的「好姐妹

淘」，她們就是高圓圓和楊雪。

在高圓圓的眼中，楊雪是個惹人疼愛的小朋友，而楊雪認為在娛樂圈找到一份純粹的友誼並不容易，高圓圓的真誠淡然更顯珍貴。所以楊雪宣稱，我們的友情比海深、比天高。這絕不是誇張！

某次楊雪身在橫店拍片，利用只有一天的休息時間，還跑到杭州和坐飛機趕來的高圓圓見面，兩個人湊到一起永遠有說不完的話。

因為有「真誠」二字，所以友誼便可以穿越時間與空間的距離，可以穿過流言蜚語的傷害，總是保持新鮮的最完美的狀態。但是，如果只有一方擁有真誠的心，那麼友情就會慢慢凋零，而受傷的，就是真正付出真心的人，後悔的則是沒有真誠待人的一方。

我們常說，真正的知己一生有一個，足矣！但是，有的人卻總是在握有一份真誠友誼的時候，不懂得珍惜，不懂得也需要同樣付出真誠之心共同栽培，總是任意踐踏那美好的友情，直等到失去之後才後悔不已！

我們不要做這樣的女人，我們要做善良、真誠的女人，我們要做擁有自己的真誠好友的女人，我們更要做懂得真誠對待朋友和友情的女人。如果我們是這樣的女人，我們就一定會幸福。

第4章

確定賺錢目標，制訂財務計畫

妳想變得有錢嗎？

想吧！如果想變得有錢，就請拿出一個本子，

給自己列一個財務計畫，

不要拿著錢混混沌沌過日子。

正所謂「妳不理財，財不理妳」，所以，如果想要變得有錢，就一定要有計畫性地將之實現。

1．發現女人的理財優勢

有人說，男人決定一個家庭的生活水準，女人則決定這個家庭的生活品質。我們平時經常可以看到，兩個收入水準和負擔都差不多的家庭，生活品質有時卻相差很大，這在很大程度上就跟女主人的投資理財能力有關係。

在理財工具多樣化的今天，一位稱職的母親和妻子，其善於持家的基本內涵，已不是節衣縮食，而是懂得支出有序、積累有度，在不斷提高生活品質的基礎上，保證資產穩定增值，這就需要女人們掌握一些「必要的」投資理財技巧。

女性朋友們掌握理財技巧，對家庭的收入做出合理的規劃，不僅僅是因為女性朋友們需要有自己掌握經濟的能力，更是因為相比男性，女性朋友們在理財上有一些特殊的優勢。「男人賺錢，女人理財」，是現代社會家庭財產支配的最佳組合。

首先，理財的女性多為全職太太，她們有時間；即使不是全職太太，能夠經常理財的女性其工作也相對比丈夫要輕鬆些。理財其實並不需要佔用多少時間，關鍵是會耗費一些精力，需要時常關注一下行情，比如說，投資房產就需要經常了解哪個地區的行情漲了，哪個區域又推了新的案子等資訊。

而這些資訊，如果不是專門理財的男性，很少有耐心整天研究，尤其是當他們工作壓力大的時候，更不願意去關心這些瑣碎的資訊。但女人就不一樣了，女人的耐心本來相對就好一些，一旦理財，她們就更會熱中於蒐集這些資訊。

溫嵐就是一個典型的家庭主婦。她為了讓孩子讀更好的學校，在小孩國二的時候，買了一間三十坪在高中名校附近的中古屋，當時花了九百萬，等孩子上完高中時，那個房子就已漲到了近一千四百萬。而且，心細的溫嵐在經歷了理財的磨鍊之後，慢慢發現現在買房子也要管道，不是所有的人都可以買得到自己想要的房子，特別是新房子。自認為沒有什麼大錢的她，就把眼光鎖定在中古屋的物件上，有的是年初買了，年底就賣掉，並不在手上放太久，只要有賺就好。

後來，她又分別在她所在東區先後買了三個小坪數一房一廳的套房，三間套房合起來每個月可以收到接近七萬元的租金，而她就利用這筆固定收入買基金。她的理財方式與投資效果越來越明顯。

像這些繁瑣的房子資訊，就需要不少的精力和不凡的耐心來慢慢蒐集，很多男人就做不到這一點了，這正是女人的理財優勢。

其次，女人細心，更適合理財。與男人在事業上的大刀闊斧相比，女人的心會更細。她們清楚地記著哪天該收房租了，哪個租約到期了；記著哪天該繳什麼費用了，哪天定存就到期了。女人較男人心細還表現在對合約的研究、對風險的規避上，她們往往不求賺大錢，只求平安穩健的收益。這一點，是一般女性理財的一個最明顯的優勢，很多男士即使通過後天的培養，都難以具備這種優勢。

再次，理財需要借鑒經驗，吸取教訓，而女人天生愛串門子、愛打探，所以，她們總能得到最敏感、最有用的理財資訊。哪裡新開了一家超市，哪裡的店面租金

最高，哪些人做哪些投資賺錢了、做哪樣投資虧本了，她們都瞭若指掌。

所以說，家庭主婦理財的優勢還是很明顯的，想要理財的女性朋友們可不要將上天賦予我們的優勢給荒廢了，這些優勢可以帶給我們寶貴的財富！

2．多存本金是為了今後幸福

有些女性朋友在初步了解了理財知識以後，往往會熱血沸騰，覺得自己找到了一條能夠迅速讓資產增值的捷徑，其實不然，這還得看情況。如果妳已經有了一定的積蓄，選對了理財工具，那麼妳的確可以讓自己的資產增值；但是，如果妳只是二十幾歲沒有多少積蓄的單身貴族，而且收入也只是一般，那麼，妳只需要熱中於勤儉和存錢就行了，否則日後當賺錢的機會到來時，假如是因為沒有多餘的存款而不能進行投資的話，會多麼鬱悶啊！

妳要知道，年輕時的妳多存些本金，是為了今後的幸福生活，是為了今後有賺錢機會時能有投資的資本！所以，不要觀望，如果妳的收入不夠多，也別抱怨，還是在了解了自己的情況以後，制訂一個適合自己的存款計畫，每個月都將一定數額的錢存到銀行吧。這樣，等到定期存款到期的時候，不但能收回本金，還可獲得一點的利息。妳不需要患得患失，覺得自己這段時間把錢存起來，會喪失很多投資賺錢的機會。

其實，如果妳在20多歲的時候好好地存錢，累積了一個數字就可以由小而大地學習投資賺錢了。30歲、40歲、50歲，未來還有近30年的漫漫長路在等待著妳呢！所以這個叫「機會」的東西，你一定會碰上的，關鍵是妳是否有足夠的「本」去抓住機會。

不要太急於求成，因為賺錢根本就沒有必要急。如果妳想要得到更多的年薪，以及提高自己的水準，那就從現在開始提高自己的工作能力和理財能力吧！那樣的話，等待著妳的就是興致勃勃去投資的30歲、富裕的40歲、高雅的50歲了。

而且，妳也不要小瞧了每個月存錢的習慣，有些人就是靠這種方法積攢了人生的第一桶金。

有日本猶太人之稱的藤田田，他依靠年輕時候每個月的定期存款，讓自己在機遇到來時一舉成功。他就是日本所有麥當勞速食店的主人，是日本麥當勞社的名譽社長。

年輕時，藤田田只是一個打工仔，多年下來只存了5萬美元，不過他卻把眼光放在了美國的麥當勞上。那時，麥當勞已經是全世界著名的連鎖速食店，如果想要拿到日本麥當勞的經營權，需要有至少75萬美金的權利金。

75萬美金，對於當時的打工仔藤田田來說，簡直就是個天文數字，這似乎是個不可實現的夢想。如果是常人，估計早就放棄了，但是，藤田田沒有放棄。怎麼辦？一個想法在他腦子裡一閃而過——貸款！

一天早上，他敲響了日本住友銀行總裁辦公室的門，然後誠懇地向銀行總裁說明了來意。聽完了他的講述，銀行總裁詢問他現在手裡的現金有多少。「我只有5萬美元。」藤田田有點不好意思地說道，但是，他的目光堅定而有信心。

「那請問你是否有擔保人呢？」總裁問。

藤田田搖了搖頭，說沒有。

「那麼你請先回去吧，我們會開會討論一下你的請求，有消息之後再聯繫你。」總裁說。

一般人聽到這話，就知道對方是委婉地拒絕了自己的要求，但是，藤田田沒有露出敗者垂頭喪氣的樣子，他抬起頭，自信地問了總裁一句話：「請問您能不能聽聽我最後一個請求？」

總裁驚異地看著他，有些猶豫地點了點頭。

「您能不能聽聽我那5萬美元的來歷！」藤田田這樣要求。

總裁覺得很奇怪，對藤田田錢的來歷產生了興趣，於是點了點頭。

藤田田開始講述：「您也許會奇怪，我這麼年輕怎麼會擁有這筆存款？其實這麼多年來我一直保持著存款的習慣，無論什麼情況發生，我每個月都把總收入的三分之二存入銀行。不論什麼時候想要消費，我都會克制自己咬牙挺過來。因為我知道，這些錢一旦被花掉，那我以後幹一番事業的夢想，就難以達成了。」

短短的幾十秒鐘，總裁就被藤田田給說服了：「那你能不能告訴我你在哪家銀行存款？」藤田田說了之後，總裁馬上就給對方銀行打電話印證了藤田田的話。得到答覆後，總裁立刻對他說道：「我十分敬佩你，現在我可以直接告訴你，我們住友銀行將無條件給你這筆信用貸款。」

得到這個答覆的藤田田十分驚喜，雖然有些在意料之中，但他還是有些詫異，問總裁為什麼。總裁說：「能這樣持之以恆存錢的人，一定會有一番作為！年輕人，我是不會看錯人的，加油吧！」

於是，在銀行的支持下，藤田田開始了他經營麥當勞的歷史，年輕的藤田田，創造了一個商業奇蹟。

這就是每個月定期存錢的奇蹟。也許，妳並沒有什麼雄心壯志，不想做一番事業，只是想好好地過平淡的日子。每個月存錢，不僅僅能讓妳為未來積攢起投資的資本；也是為妳的信用在做紀錄。而這份紀錄在有一天妳必須利用銀行的資金時，會有意想不到的助力！此外，更可以磨鍊妳的心性，使妳培養起堅韌的品質和永不言放棄的精神；而且，每個月存錢，還能夠為妳的未來生活提供最基本的保障。一箭三鵰的事情，誰不願意做呢？每一隻鵰都可以為妳未來的生活提供幸福的源泉！

3．財務有計畫，理財才科學

如果沒有根據自己的財務狀況制訂適合自己的計畫，那麼，理財就只是「胡亂彈琴」不成曲。科學的計畫，能夠讓妳的理財名目更清晰、目標更明確。對於女人來說，有計畫的生活，比沒有計畫地混日子要好得多！

因為女人年輕的日子不長，成熟的日子不短。每個女人都希望能夠在如花般的年齡裡活出自己的精彩，希望能夠在自己的成熟期散發出迷人的韻味。而一個女人的理財態度，很大程度上決定了一個女人的生活狀態。

所以，女人們要好好學學理財知識，做金錢的主人；要保持頭腦清醒，在年輕的時候就制訂出適合自己的理財計畫，讓自己儘早走上科學的理財道路。一般來說，踏入社會之後，我們需要根據自己的情況，做好涉及金錢的方方面面的計畫。

這些計畫主要包括以下幾個方面——

1．消費和儲蓄計畫

我們需要決定在全年的收入裡拿出多少用於消費，多少用於儲蓄。與此計畫有關的任務是編製年度收支表和預算表。

2．債務計畫

在進行買房等投資專案時，借貸是很正常的事情。借貸能幫助我們解決資金短缺的難題，也能讓我們避免錯失投資良機。但是，我們需要對債務加以管理，將其控制在一定範圍內，並且盡可能地降低債務成本。

3．還債計畫

借貸不是壞事，但是有借不還，就會影響妳日後的生活，因為妳的人際和信用都會下降。所以，在借貸之前，就畏先做好還債計畫。

4．保險計畫

隨著收入越來越穩定，我們會擁有越來越多的固定資產，這時我們需要財產保險；為了家庭生活的幸福、生活品質的提高，我們需要人壽保險；更重要的是為了應對疾病和其他意外傷害，我們需要醫療保險。

5．投資計畫

當我們的財富一天天增加的時候，我們迫切需要尋找一種包括：收益性、安全性和流動性為一體的投資方式。投資有很多種方式，我們要根據自己的情況，作出合理的選擇。

6．晚年生活計畫

為了保證自己的晚年生活無憂，我們除購買養老保險外，還應該留夠晚年所需的生活費用。

不管妳是未婚的妙齡少女，還是已婚的熟女，或者是孩子的愛心媽媽，我們都希望美麗的妳，能夠做一個精明的女人。

為自己和自己家庭的經濟狀況把一把脈，弄清楚自己和家庭的經濟現狀中有哪些傷疤，有哪些需要好好重新計劃的專案。要理清楚這些計畫不是一件簡單的事，妳需要學習理財知識，對家庭的財務狀況有個初步了解，然後再根據缺口做出相應的補救計畫，也就是適合妳自己家庭的科學的理財規劃。

可能光用嘴巴說得有些空泛，我們不妨來借鑒一下張太太的做法。

張太太，38歲，是一個全職太太，她的丈夫40歲，正處於職業生涯的發展期。張太太家庭現階段擁有大小約二十坪的住房一套，家庭收入較為穩定，擁有75萬元的存款以及15萬元公積金，而且房屋無貸款，每月家庭收入總計5萬元，支出為三萬到三萬五左右，孩子上六年級。

孩子慢慢長大，張太太感到了家庭支出的緊張，於是，她好好地審視了家庭的經濟現狀，立刻發現家庭中的經濟存在很多缺口，而這些缺口或遠或近地，將影響到她和家人的生活品質。

1．養老金缺口

假定張太太的丈夫60歲退休餘壽25年，以張先生退休後的生活支出來看勞退（月領）加上年金，每個月收入約在三萬五千元左右，如此生活上是勉強過得去，可是手上沒有任何準備金，對老年而言，是相當可怕的。那麼，到時候，張太太與先生的晚年生活品質，將得不到很好的保障。

2．換房資金缺口

作為三口之家，張先生二十坪的小房，確實需要進行更換，假設張先生要將二十坪的房子要換成三十坪的話，以現值每坪30萬元來說，在同樣條件下如果要換房子，張先生就要背上300萬元的貸款。

3．教育資金缺口

孩子正在上小學，但孩子的長期發展需要足夠的教育基金，張先生必須及早準備子女的教育基金。

4．保險品種缺口

目前張太太家沒有買任何保險，一旦家人有了意外，將產生嚴重後果。防範風險的最佳辦法就是購買足額的人壽保險。

所以，聰明的張太太在學習了理財知識後，認真地做了分析，將家庭目前的理財計畫做了初步的規劃。她按照短期、中期、長期的階段性目標，分別做出了遠近輕重的規劃：短期要做保險規劃；中期要做教育金和換房規劃；長期需要做好養老計畫。

在為自己家庭的經濟狀況做一番把脈之後，張太太很快發現，原來覺得雜亂的家庭財務狀況清晰了起來，而且接下來究竟應該如何做，她心裡早已經很清楚了。

首先，需要實現短期的理財計畫，那就是購買保險。在收入有限的情況下，張太太想到了通過節流的方式來積攢出這部分規劃所需要的資金。因為，張太太發現，目前生活支出占到總收入約七成。於是，張太太便減少了奢侈品的購買，讓丈夫上班由開車轉為公共運輸交通……這樣，預計月支出由可節使一萬元左右，使總支出達到占總收入的50％的合理比例。通過一段時間的積累，短期理財計畫的資金就慢慢省出來了。

接著，就是需要考慮中長期的規劃了。為了不影響家庭的生活品質，家裡目前的支出情況不能再降低，於是張太太又想到了開源。張太太今年38歲，她以前是財務會計出身，孩子出世後成了專職媽媽，如今小孩已經大了，她預計自己重新投入職場月收入應該有二萬五到三萬之間。這樣，家庭的收入就會立刻增加，在中長期的規劃上，就更容易掌握主動權了。

我們相信，聰明的張太太在接下來的日子裡，通過自己的努力和家人的合作，再配合其他理財工具，日子會越過越舒服。而我們呢？我們自己家裡是否也存在這樣或那樣的財務缺口呢？如果不先了解清楚這些財務缺口，我們就無法根據這些缺口做出合適的理財規劃，那我們的理財也就失去作用了。所以，親愛的姐妹們，不妨現在就開始清點一下家裡的財務缺口，做出科學的財務計畫吧！

4．理財依據自身特點，切莫照搬照抄

處在人生不同階段、不同層次的人群理財的重點各有不同。很多女人在理財時缺乏主見，總是跟隨親朋好友的腳步，模仿別人的理財方法來理自己的財。其實，這是很危險的一件事情，即使是衣服，別人穿的衣服由妳來穿也未必合適，更別說理財工具了。

不論是股票、基金還是房地產等任何一種投資工具，過度依賴它們過去的績效與別人的經驗而盲目跟風，無疑都是最冒險的行為。

「人貴在自知」，賺錢或者理財的成敗，絕大多數取決於投資人的個性。在理財行為上，首先要了解自己擁有多少可動用的資金，例如經濟來源、收支情形、儲蓄總額等等，弄清楚之後，再來設定理財目標，才會知道該採取怎樣的策略。但是很多人都不去認識真正的「自己」，總是跟在別人屁股後面跑，哪裡熱就往哪裡鑽，不撞南牆不回頭。

各家有各家不同的經，拿著別人家的經套用到自己家的理財狀況，其實是拿著自己的錢在冒險。下面，我們來對比兩個案例——

【案例1】

「二○○○年，我已經畢業五年了，手裡的全部積蓄只有50萬元。當時在新竹，我有個機會可以在竹北買一個新房子，要150萬。我咬咬牙用全部的儲蓄，再向家人借了150萬，把房子買了下來。後面的兩年，我過得好苦，每個月只有500元的零花錢，其他全部用來還錢。

結婚後，我和老公在新竹有一套二十坪的房子，一直感覺太小了，想換個大房子。到二○○三年時，家裡好不容易存下了150萬，老公卻說要買車，我一直不同意。因為我還要買房子。

老公好不容易被我說服了。終於，我們找到一個全家都很喜歡的房子，400萬。我們又開始借錢了，老公說要把竹北的小房子賣了，可得到180萬，這樣只要向銀行貸70萬就可以了，但我堅決不同意，後來老公還是聽我的，我們每月

又開始節衣縮食為了養房子。

老公總是說要賣房子，我一直堅持沒讓他賣。二〇〇五年，我們終於把房款全部付完了。

盤點了這六年的投資收穫：竹北的房子，已經由150萬漲到250萬；新竹自己住的房子，已經由400萬漲到600萬。今年，我把本來住的二十坪小房子賣了；然後把300萬放在股票裡，又賺了20多萬。也就是說，前後用了六年的時間，我靠理財撐出了一片天。」

【案例2】

顧先生今年28歲，是某公司的銷售經理，靠業績吃飯，稅後月收入在二萬到六萬元不等。他太太也在上班，月入二萬五千元。

顧先生現有活期存款100萬元，沒有負債，家庭每月生活費支出二萬五千元左右。顧先生和太太的住房是五年前父母出錢一次性付清300萬元購買的，目前市值約600萬元。顧先生還有父母的一套二十坪房子，現在每月能收到租金一萬五千元。

顧先生沒有購買人壽保險，因為比較謹慎，也沒有過多投資，只持有一些股票，市值約70萬。顧先生看到房地產市場很熱，見很多朋友都在房地產市場賺到了不少的銀子，便一狠心，收回了股市的70萬，加上活期存款100萬元，再向銀行借了300萬元，買了一個三十坪的房子，貸款月付二萬七千元。

結果，生活一下子過得謹慎、小心、緊巴起來。因為存款少了，而且還背負了債務，房租的費用還不夠償還新房貸，兩歲的孩子的教育經費還沒開始投入……而買的房子，暫時也並沒有增值的跡象。顧先生的生活一時間發生了巨大的變化，手上再也闊綽不起來了。

其實，從這兩個案例中，我們能深切地感受到一個問題，那就是不同的家庭情況，確實不應該用相同的理財方式。像這兩個例子中的主人公都有較多的房產，但是，一種是主動型的投資家庭，一種是穩健型的。【案例1】中的夫妻還沒有要孩子的打算，所以，在有限的資產範圍內，由於所處地理位置優越，房價升值空間

大，便將投資放在了房地產市場上，能夠獲得明顯的收益；而【案例2】中，由於主人公的收入不夠穩定，再加上已經有了孩子，那就不能像【案例1】中的主人那樣冒大風險做高額投資了，而且，之前投資在股市的70萬，其實也是欠考慮的，因為風險太大。

【案例1】中的主人公，通過黃金地段的房地產投資，讓自己的資產在幾年間迅速升值；但是這種情況並不適合所有的家庭，比如說，在【案例2】中，主人公就是因為盲從，導致套牢了大部分資金，讓本來盈餘的生活品質瞬間下降。其實，如果【案例2】中的主人公，能夠仔細分析自己的財務狀況，採取穩健型的投資方式，他的生活品質不僅不會下降，反而會在穩健中收益。

在考試時，抄別人的試卷有可能會讓妳拿到高分，但是，在理財中，如果總是照搬照抄別人的方法，妳永遠也不會有屬於自己的理財思維，也永遠鍛鍊不出精準的理財眼光，更慘的是，照搬別人的方法，失敗的機率反而會大大增加。

5．理財貴在堅持，不要輕言放棄

李嘉誠曾說，理財必須花費較長時間，短時間是看不出效果的。「股神」巴菲特也曾說：「我不懂怎樣才能儘快賺錢，我只知道隨著時日增長賺到錢。」

在銀行工作每天接觸各種理財工具的陳某說，理財的第一原則就是儘早開始，並堅持長期投資。但是，能夠真正在理財的道路上堅持的人卻是很少很少。前幾年，基金都是翻倍增長，所以年長的投資者都把自己的養老錢拿出來購買基金，但是，每年100％甚至200％的收益率，並不是投資基金的常態，而是在特殊的牛市上漲行情中出現的特殊高回報。而理財是對一生財富的安排，如何在波動的行情中穩中求勝，是現在我們最應當考慮的。

任何一種理財方式，都是時間見分曉，耐不住性子的人，也許在短期內能夠獲得較高收益，但是，總會因為性子急而失去更多。就以基金為例，在眾多的理財方法裡，基金定投最能考核人的堅持勁。這種方式能自動做到漲時少買，跌時多買，

不但可以分散投資風險，而且單位平均成本也低於平均市場價格，但其難度就在於——是否能夠像「股神」巴菲特所說的長期堅持。

有的人，能夠堅持十年，在這十年中，經歷過不少慘境，也經歷過小漲小跌的平緩期，但都沒有半途而廢，而是用十年的時間，最終讓自己的收益達到同期基金中的最高水準。

理財最重要的是能夠穩住，在最糟糕的情況下穩住，堅信時間將會改變局勢。相信很多半途而廢的理財人士在看著那些本來可以進入自己口袋的收益，因為自己的提早放棄而流失時，都有相同的感受。

其實，很多人在投資一項理財工具時，都有著僥倖的心理，也有遭遇風險的心理準備，按理說，應該能夠經得起時間的考驗。但是，往往真的出現風吹草動時，很多人就跟風放棄了。有堅持的想法，卻沒有堅持的決心；有堅持的理由，卻沒有堅持的行動，最終也就只能是小打小鬧了。這種堅持之心，也不是通過訓導就能夠說服的，只有我們親身經歷過，嘗過一次甜頭，才會真的相信堅持的魔力。

最後，我們就用一個有著多年理財經驗的美美女士的理財心得結尾，希望對大家有所幫助。

「關於理財，每一個人的性格、方式和風險承受能力都不同。但是，我覺得一定要有一個信念——如果自己有堅定的信念和看好的投資方法，就一定要堅持。例如，妳認為基金定投作為一種長期的理財投資品種，堅持三年五年，甚至十年時間可以收到可觀回報，那妳就一定要堅持每個月都定投，不要看到股市行情不好，賠錢了，就放棄了自己的信念。我覺得既然是自己認定的路，就一定要走到底，千萬不要半途而廢……」

第5章

會賺錢的人，才會更懂得金錢的價值

賺錢、存錢、有錢都不是我們的最終目的，
而是為了讓自己過得精彩，有意義，
活出屬於自己的美麗！

1．不做守財奴，存錢不是生活的全部

作為女人，不應該成為一生只會抱著錢財睡覺的守財奴，我們需要愛護好自己，需要珍惜自己如花的容貌和流金般的歲月。如果有錢卻抱著錢存在銀行裡不動彈，讓自己像個貧窮的灰姑娘一樣，那多虧待自己？

更何況，安穩守財的時代已經過去了！今天的妳，隨時可能遭遇失業、通脹、金融危機等各種不可預測的狀況！到時候，如果妳手頭一無所有，流落街頭也不足為奇！

作為已婚女人，我們不僅要替自己的生活做打算，替自己的未來做打算，還需要做整個家庭的理財師，讓家裡的資金能夠充分發揮它們的作用，而不僅僅是讓家人辛辛苦苦掙來的錢放在銀行裡發黴。

這裡有一個小小的故事，發生在一對守財奴夫妻的身上。也許看完之後，我們會有一些想法。

妻：老公，那錢放好了沒？／夫：老婆，放心吧，放安穩著呢！

妻：放哪兒呢？／夫：牆縫裡呀！

妻：不是說放冰箱裡嗎？／夫：好好好，下星期放冰箱行不？

春夏秋冬，年復一年……

五年之後——

夫：老婆，物價老漲，我們要不要拿錢出來去買房？

妻：老公，快來看呀，鈔票都給老鼠咬爛了！

這是原始的存錢方式，也是金錢對不會利用它的人的嘲諷。如今，在貨幣市場多變的今天，還有人在不斷重複這樣的原始方式，以求一份心安理得，只不過，原來的牆縫和冰箱，如今換成了銀行。

在小敏看來，存錢是她生命中唯一的樂趣。她跟保險，她寄定存，她用最安穩妥當的方式，細心保管賺進來的每一塊錢。叫她投資，她說風險太大不考慮，賠掉本金誰負責？

正常人賺錢是為讓自己的生活過得優越舒適，小敏卻不，她以累積財富為人生的樂趣。於是，她把小錢存成大錢，把大錢變成定存，再把定存生出來的小錢繼續湊合起來，成為大錢，周而復始，樂此不疲。她不擦化妝品、不穿新衣服，當然，別人送的除外，但大多情況下她會轉手把化妝品和新衣服又賣出去，除非有滯銷貨品。她也不吃大餐，當然，別人請客除外，如果吃不完，她會打包回家。對於女人的所有喜好，她全然沒有……

如果做女人做成這副德性，不知道還有什麼意思；如果存錢存成這樣，不知道存起來的錢還有什麼意義？愛財沒錯，存錢也沒錯，可是愛財愛到這份上，愛財愛到對自己都一毛不拔，愛存錢勝過愛自己，這就不僅僅是對自己的輕視，也是對錢的蔑視——等於是守著金庫的乞丐。

是的，我們愛財，但是，我們不應該做守財奴，不應該只是心安理得地存著

錢。況且，錢都存在銀行裡，通貨膨脹之後，錢就相當於越存越少了！

2．能掙的不如會花的

一位大富豪走進一家銀行。「請問先生，你有什麼事情需要我們效勞嗎？」貸款部的營業員一邊小心地詢問，一邊打量著來人……

「我想借點錢。」

「完全可以，你想借多少呢？」

「1美元。」

「只借1美元？」貸款部的營業員驚愕得張大了嘴巴。

「我只需要1美元。可以嗎？」

貸款部營業員的心頭立刻高速運轉起來：這人穿戴如此闊氣，為什麼只借1美元？他是在試探我們服務品質吧？營業員便裝出高興的樣子：「當然，只要有擔保，無論借多少，我們都可以照辦。」

「好吧。」這個人從豪華的皮包裡取出一大堆股票、債券等放在櫃檯上，「這些作擔保可以嗎？」

營業員清點了一下，說：「先生，總共50萬美元，作擔保足夠了。不過先生，你真的只借1美元嗎？」

「是的，我只需要1美元。有問題嗎？」

「好吧，請辦理手續，年息為6%，只要你付6%的利息，且在一年後歸還貸款，我們就把這些作保的股票和證券還給你……」

富豪走後，一直在一邊旁觀的銀行經理怎麼也弄不明白，一個擁有50萬美元的人，怎麼會跑到銀行來借1美元呢？

他追了上去問道：「先生，對不起，能問你一個問題嗎？」

「當然可以。」

「我是這家銀行的經理，我實在弄不懂，你擁有50萬美元的家當，為什麼只借1美元呢？」

「好吧！我不妨把實情告訴你。我來這裡辦一件事，隨身攜帶這些票券很

不方便，便問過幾家金庫，要租他們的保險箱，但租金都很昂貴。所以我就到貴行將這些東西以擔保的形式寄存了，由你們替我保管，況且利息很便宜，存一年才不過6美分……」

經理這才明白了一切，對方的行徑雖然接近「狡猾」，但他也十分欽佩這位富人，他的做法實在太高明了。

雖然這個故事是有點寓言的性質，不過妳是否看出了竅門，那就是——即使是很富有的人，他們的理財方式，仍是——能省則省。

「能掙會花」，究其本意，乃是——「好鋼要用在刀刃上」。

「能掙」是「用自己所能去爭取」，靠自己的勤勞獲取應得的利益；

「會花」就是——「花有所值」，而不是做毫無意義的消費。

第6章

聰明使用錢，拒做「敗金女」

有人說，美麗的女人懂得投資外在，
聰明的女人懂得投資內在。
做個內外兼顧的美麗女子，
做好預算，把錢花在刀刃上，
就是最基本的理財功課。

1．看透金錢本質，不做拜金女

「拜金女」不是一個被社會所認可的群體。拜金女們盲目崇拜金錢，把金錢的價值看作最高價值，一切價值都要服從於金錢，她們把親情、友情、愛情等都放在金錢腳下；她們認為金錢不僅萬能，而且是衡量一切行為準則的標準。正是由於拜金女們太過強調金錢的重要性，以至於她們變得唯利是圖，對許多事物經常只看得到表面，看不到其內涵、精神層面，往往過得極為空虛。

我們都不希望我們所愛的人是個拜金女子。因為在拜金女子的心裡，能夠為了錢而捨棄其他一切。這種人太可怕！等到這種人最有錢的時候，也就成了她最貧窮的時候，因為她窮得只剩下金錢了。

金錢並不是萬能的，有一首《買到與買不到之歌》就很優雅地詮釋了這點：「金錢能買到房屋，但買不到家；金錢能買到藥，但買不到健康；金錢能買到美食，但買不到食欲；金錢能買到床，但買不到睡眠……」

一些腰纏萬貫的富翁們，不就常感歎自己是精神上的乞丐嗎？即「窮到只剩下錢了」嗎？所以，我們要樹立正確的金錢觀。

人生有兩種幸福，即「生活的幸福」和「生命的幸福」，能夠獲得這兩種幸福的人應是最幸福的人。生活的幸福追求衣食住行、功名富貴；生命的幸福追求平安喜樂、真愛溫暖，和永恆的歸宿。如果滿腦子都是拜金的想法，即使最終妳的生活之路變得富有，妳的生命之路卻會貧窮。那麼即使滿屋子都是高檔奢侈品，妳卻只剩下空虛做伴、寂寞為枕。

我們要看到金錢與人生有著密切關係，更應該看到金錢不是人生的全部內容；金錢更不是人生價值的決定因素。我們生活的目標並不單單是為了賺錢，同時也是為了更好地享受幸福和生活得更加充實。

所以，我們不做拜金女。我們要做的，是把擁有財富當作一種愛好，而不應完全拜倒在它的腳下當奴隸。做金錢的主人，才能享受金錢給我們帶來的快樂。

2・「月光一族」的理財計畫

如今，「月光族」成為了許多年輕人的代名詞，如果不能很好地規劃財務，薪水族很容易成為月光一族。為了讓生活有一定的保障，「月光族」必須擺脫月光。

「月光族」薪水節流有以下八大妙招——

1・計劃經濟

對每月的薪水應該好好計畫，哪些地方需要支出，哪些地方需要節省，每月做到把薪資的一小部分納入個人的儲蓄計畫，最好辦理零存整付（有強迫自己的優點）。儲額雖占薪資的小部分，但從長遠來看，一年下來就有不小的一筆資金。儲金不但可以用來添置一些大件物品如電腦等，也可作為個人「充電」學習及旅遊等支出。

另外，每月可給自己做一份「個人財務明細表」，對於大額支出，看看超支的

部分是否合理，如不合理，在下月的支出中即可做些調整。

2．嘗試投資

在消費的同時，也要形成良好的投資意識，因為投資才是增值的最佳途徑。不妨根據個人的特點和具體情況做出相應的投資計畫，如股票、基金、黃金或收藏等。這樣的資金「分流」可以幫助妳克制大手大腳的消費習慣。當然要提醒的是，不妨在開始經驗不足時進行小額投資，以降低投資風險。

3．擇友而交

妳的交際圈在很大程度上影響著妳的消費。多交些平時不亂花錢、有良好消費習慣的朋友，不要只交那些以消費為時尚、以追逐名牌為面子的朋友。不顧自己的實際消費能力，而盲目攀比只會導致「財政赤字」，應根據自己的收入和實際需要，來進行合理的消費。

同朋友交往時，不要為了面子在朋友中一味地樹立「大方」的形象，如在請客吃飯、娛樂活動中爭著買單，這樣往往會使自己陷入窘迫之中。最好的方式還是大家輪流坐莊，或者實行「ＡＡ」制（即各付各的）。

4．自我克制

年輕人大都喜歡逛街購物，往往一逛街便很難控制自己的消費欲望。因此在逛街前要先想好這次主要購買什麼和大概的花費，現金不要多帶，也不要隨意用信用卡消費；做到心中有數，不要盲目購物、買些不實用或暫時用不上的東西，以免造成閒置，到了一段時期後，這些東西往往都會變成垃圾。

5．提高購物藝術

購物時，要學會貨比三家，做到儘量以最低的價格買到所需的物品。這並非「小氣」，而是一種成熟的消費經驗。服飾店換季打折時是不錯的購物良機，但要注意一點，應選購些大方、易搭配的服裝，千萬別造成衣櫥大塞車。

6．少參與抽獎活動

有獎促銷、摸彩券、抽獎等活動容易刺激人的僥倖心理，使人產生「賭一賭」的心態，從而難以控制自己的花錢欲望。

7．務實戀愛

在青春期中，戀愛是很大的一筆開支。處於熱戀中的男女總想以鮮花、禮物或出入餐館、咖啡廳等場所來進一步穩固情感，尤其是男性，在女友面前特別在意「面子」，即使阮囊羞澀也不惜「打腫臉充胖子」。

但不要認為錢花得越多越能代表對戀人的感情，把戀情建立在金錢基礎上，長遠下去會令自己經濟緊張，同時也會令對方無形中感到壓力，影響對愛情的判斷。

倘若一旦分手，即便沒產生經濟方面的糾葛，也會使「投資」多的一方，蒙受較大的經濟損失。送戀人的禮物不求名貴，應考慮對方的喜好、需要與自己的經濟承受能力（不要因此變成卡奴）。

8．不貪玩樂

年輕的朋友大都愛瘋一下，愛交際，適當地玩樂和交際是必要的，但一定要有度，工作之餘不要在麻將桌上、網咖、撞球間、卡拉ＯＫ中虛度時光，找一本書去看，也許會改變你一輩子。玩樂不但喪志，而且易耗金錢。應該培養和發掘自己多方面的特長、情趣，努力創業，在消費的同時，更多地積累賺錢的能力與資本。

3．遠離「月光族」，讓財富從零開始積累

在年輕人中流行著一種享樂的消費觀念，他們每月的收入全部用來消費和享受，每到月底銀行帳戶裡基本都處於「零狀態」，所以就出現了所謂的「月光族」（每月薪資都花光，俗稱「月光族」）這個群體。

「月光族」具有的基本特徵是：每月掙多少，就花多少；往往穿的是名牌，用的是名牌，吃的是館子，可就是銀行帳戶總是處於零極限；他們偏好花錢，不懂得

節流，喜愛用鈔票來證明自己的價值，他們認為花出去的才是錢；他們還常常認為會花錢的人才會掙錢，所以每個月辛苦掙來的「銀子」，到了月底總是會花得精光。這就是「月光族」的真實寫照。

「月光族」表面上看起來五光十色的「活出精采」，背後卻埋藏著巨大的隱患，他們的資金鏈是處於「斷裂」狀態下的。沒有積蓄，所有的收入都消費了，看似瀟灑的生活方式，其實是以犧牲個人風險抵禦能力為代價的。

導致的後果是：這些人很有可能因為一次意外（疾病、失業等），而使個人資金出現嚴重問題，以至於無法抵禦這些不良影響的作用；更不要指望他們能獨立解決個人面臨的成家立業、贍養老人，以及撫養子女的問題了。所以，「月光族」風光表面背後的本質，是一種被動的生活方式。這種生活方式只會把妳變成一隻「待宰的羔羊」，而且當風險來臨的時候，妳只能「束手待斃」。

再從心理角度來分析，其實「月光族」表現出來的是一種不成熟的心態。經過調查，可以發現「月光族」往往跟單身是劃等號的。而已經成家的人，或者已經有男朋友，並且計劃要成家的人，往往都不是「月光族」的成員。為什麼會這樣，實際上道理很簡單，妳見過結婚後的人花錢大手大腳，每月把帳戶裡的錢都花光光的家庭麼？很少見吧。因為他們需要養家，養孩子，怎麼能輕易讓自己的家庭暴露在風險之下呢？

壓力迫使他們必須有風險意識。而單身的時候，往往「一個人吃飽了全家不餓」，父母暫時不用贍養，也沒有孩子要負擔，掙了多少錢，都用於個人消費了。所以很自然地，就很難控制自己的消費，慢慢成了「月光族」。說得深一些，因為這時候她自己還是個「孩子」，還沒「長大」。

琳從輔大畢業後在一家金融機構已經工作了兩年，月薪三萬元，除去每個月的房租、生活費，琳喜歡逛街買衣服，每週至少一次。此外，還喜歡日本料理，一個月下來，三萬元往往不夠花。有時候還不得不跟好友借錢。結果兩年工作下來沒攢下什麼錢，還揹了一些卡債。

琳今年已經25歲了，她很慶幸自己是個女孩，因為自己可以找一個有經濟實力的男朋友，並希望男朋友最好能有房子，這樣她就不用為買房操心了。

琳是一個女孩子，她可能在成家方面需要付出的相對較少，但是她真的就不需要存有一定的資金麼？假如她能嫁一個「鑽石王老五」還好說，倘若嫁一個收入平常的人，要想成家恐怕就不那麼容易了。

其實與一般新鮮人的平均薪水相比，她的收入並不是很低。即便這樣，她依然抱怨：「每到月底，我就兩手空空，望眼欲穿地盼望著下個月的薪水呢！」

要改變平時已經習慣了的消費模式並不是一件容易的事，存錢對於「月光公主」來說更是一項艱難的工作。但是，為了將來的幸福生活，「月光公主」必須展開「自救」活動。

1．強迫儲蓄法

很多單身女貴族都養成了有多少錢就花多少錢的習慣。要想讓自己日後的生活有所保障，最好選擇每月從帳戶中強迫扣款的方式來存錢，比如零存整付或小型定額基金。

2・忍者龜做法

現代女性追求品位，注重時尚，購買名牌物品的勁頭十足，但狂熱購買名牌的結果，只會讓自己陷入入不敷出的窘境。因此在對購買名牌有衝動時，妳要學會忍耐、忍耐、再忍耐，要將有限的財力用在必需品上。

3・積少成多法

一日三餐、坐公車、一本令人心動的小說、一場賞心悅目的電影……如此一天消費下來，妳會發現錢包裡多了許多許多的零錢。此時妳可以利用小豬公的撲滿，全部將它投進去，天天如此，到了半年後再結算一次，妳會驚喜地發現，每日丟進去的零錢，已積累成一筆小小的數目了。

4・女性生理期會影響購物欲望

有這麼一則新聞——

英國心理學家研究發現，女性在月經週期最後10天左右，更易產生購物衝動。女性所處月經週期越靠後，她們超支的可能性越大，在花錢方面更不節制、更衝動、超支金額更多。

「我被購物衝動抓住，如果不買東西，我就感覺焦慮，如同不能呼吸一般。這聽起來很荒唐，但這事每個月都在發生……」——一位參與這項科學研究的女性這樣說。

科學家認為，女性月經週期中體內荷爾蒙的變化容易引起不良情緒，如抑鬱、壓力感和生氣。她們感到非常有壓力或沮喪，容易選擇購物這一方式，讓自己高興並調節情緒。對許多女性而言，購物成為一種「情感上的習慣」。她們不是因為需要而購買商品，而是享受購物帶來的興奮感。

研究同時發現，不少女性會為衝動購物而事後感到懊惱。以大學女生莎莉為例，她平素習慣穿平底鞋，但一時興起想買高跟鞋，於是，一口氣買下好幾款顏色不同的高跟鞋。然而，沒隔多久，她就不喜歡了，有的甚至只穿過一次。

科學家說，如果女性擔心自己的購物行為，她們應該避免在月經週期後期去商場。她們應考慮做點別的，而不是週末去逛街。

事先完全無購買願望，沒有經過正常的消費決策過程，臨時決定購買，購買時完全背離對商品和商標的正常選擇，是一種突發性的行為，事後卻發現妳根本不需要它，或者它的作用很小。其實，這就是典型的衝動型消費。

衝動型消費者（Consumer of Impulsiveness）指在某種急切的購買心理的支配下，僅憑直觀感覺與情緒購買商品的消費者。衝動型消費者的購買行為是商品廣告、宣傳訴諸情緒的強烈衝擊，喚起了心理活動的敏捷與定向。為什麼女性會構成了衝動型消費者的主流人群呢？

首先，女性容易受到情緒因素的影響，是心理更不成熟、更為脆弱的群體。女性中最常見的就是情緒化消費。

據統計有50％以上的女性，在發薪後會增加逛街的次數，40％以上的女性在極端情緒下（心情不好或者心情非常好的情況），增加逛街的次數。可見，購物消費是女性緩解壓力、平衡情緒的方法，不論花了多少錢，只要能調整好心情，80％左右的人都會自認為這一切都很值得。

女性的敏感情緒還容易受到人為氣氛的影響。例如，受到打折、促銷、廣告還有與身邊人評比等因素的影響。

根據專家針對18～35歲青年女性的調查顯示——

因打折優惠影響而購買根本不需要物品的女性，超過50％；

受廣告影響購買無用商品或不當消費的女性，超過20％；

因商品店內的時尚氣氛和現場展銷熱潮而消費的女性，超過40％；

因受到促銷人員誘導而不當消費的女性，超過50％；

因為朋友或同事有，我也要有。超過20％。

另外，女性在選擇物品時，態度更傾向於猶豫和動搖，形成過度消費。尤其是在面對眾多種類的商品時。

在美國加州的一家雜貨店內，經濟學家們曾做過一個測試：他們在貨架上排上6～20種不同的果醬，商家將每三種用膠帶封在一起。某家庭主婦欲購買特定的三種，但它們被兩種不同的膠帶封在一起。思考再三後，該主婦購買了兩個封條共六瓶的果醬。

事實上，對於每個人來說，商品選擇多的時候，通常都難於選擇。但這點在女性身上表現得更為明顯。當她們面對眾多選擇時，常常會忘記自己最初的需求，在其他貨品的吸引下，改變原來的想法。這也是經濟學家們認為女性不適合做傳統經濟學中理性十足的「經濟人」，僅從消費這點來看，她們犯的錯誤就太多了。

衝動型消費其實是一種感性消費，而作為「經濟人」的現代人，只要睜開眼睛就會面對著無數誘惑的世界！所以，應該能控制隨興而起的「購物衝動」，做到有計畫、有目標的購物，只有這樣才能儘量減少自己購物的「後悔感」，做一名真正理性的人！

第7章

理智花錢，遠離消費陷阱

女人理財離不開節儉，
識別常見的消費陷阱能幫助女人節省下不少財富。

時下，大到大型百貨公司，小到私人小店或攤販，商品價格打折成風。有些百貨公司的商品確實是打折了，讓出部分利益給消費者，但有的商家以打折為名，行原價甚至高價出售之實。女性朋友們要擦亮自己的眼睛，理智消費。

1．引導消費，別讓商家賺了妳便宜

女性朋友們，妳經常會遇到這樣的例子，在百貨公司買衣服，本來妳只想買一件衣服，可店員在讓妳試衣服的同時，也會讓妳穿上她們陳列的鞋子或者搭配的包包，這樣整體效果就會很好，這時候妳發現，自己既有的鞋子和包包都和這件衣服不搭配了，於是妳一狠心就都買下了。回到家以後，妳發現，自己其實是可以任意搭配的。

這就是所謂的「引導消費」，即廠商引導消費者，廠商生產銷售創新產品或者消費者非常關心的商品。廠商必須想方設法引導消費、創造需求，將消費者腦海中未有的或者潛在的需求，轉化為現實需求。

以前面的案例來說，更聰明的作法是，在選擇衣服的款式與花色時，就考慮與自己已經有的鞋子、包包如何搭配……

生活中，比如妳去逛百貨公司，總會遇到一些人把妳攔下來，讓妳去免費體驗美容、試用化粧品、各種的講座或者是食品飲料等。讓妳白吃白喝舒舒服服地免費享受一番，他們圖的是什麼？他們把這些開銷省下來不好嗎？細心的消費者會發現，一般邀請顧客免費體驗的產品都是新推出的，顯然是一種引導消費。

是什麼因素促使商家要採取「引導消費」這一策略呢？

這主要由兩方面的因素來決定。

一方面因素是，生產過剩時代的到來。各類商品都空前豐富，讓原有的「消費引導」（指廠商根據消費者的現實需求，生產銷售產品，以滿足消費者所需）滿足需求的理念無用武之地，消費者面臨的不再是物質短缺，而是商品太多，難以選擇的問題。

另一方面因素是，高新技術產品層出不窮，這些新發明產品的功能、作用非普通消費者所能知曉，廠商必須經有效的引導消費，才有可能激發消費者的潛在需求。其中，最重要的是，廠商與消費者對產品資訊的嚴重不對稱，每個消費者每天所能夠接受的資訊非常有限，消費者的注意力相對於浩瀚的資訊源，成為極為稀缺的資源。

可以這樣假設，消費者所能主動了解的商品資訊，特別是新技術產品的資訊接近於零，而廠商對自己生產、銷售的產品資訊基本上完全了解，兩者之間產生了嚴重的資訊不對稱，廠商只有通過各種傳播途徑告知消費者詳細的產品資訊，盡可能令資訊對稱。

簡單地說，「引導消費」，就是商家通過「免費體驗」的策略，吸引消費者的眼球，幫助消費者選擇，使消費者對自己提供的產品或服務建立初步的認可，進而促成可能的購買行為的過程。最終實現銷售產品或服務，達到從中盈利的目的。知道了這些，當我們再遇到商家熱情的邀請時，一定要三思而後行。

2．常見的價格陷阱

有的時候，商品的價格存在很大的欺騙性。只要能以慧眼識別價格的陷阱，就能幫助女性朋友們減少許多不必要的開支。

一、**虛報原價**　人們一般認為打折的商品比較便宜，有的商家抓住消費者的這種心理，提高商品的折扣率，同時也提高了原本的訂價，商品的實際價格並沒有任何變化，但消費者往往被商家的這種欺騙手段所蒙蔽。

二、**高報標價**　低價是比出來的，不是報出來的。有的商家說自己商品的價格是市場最低價、出廠價、批發價、特價……其實不然，這個報價甚至比其他商家的價格還要高（而且高很多）。

三、**價格附加條件不說明**　商家在銷售商品和提供服務帶有價格附加條件時，不標明或者含糊標示。比如百貨公司的促銷優待券活動，優待券只能用來購買某些指定的產品，或者只有在購買其他產品時優待券才能用，但商場宣傳時只說優待券，而不提附加條件（反正你先上門來再說）。

四、兩套價格　有的商家對同一商品或者服務，在同一店面使用兩種標價簽或者價目表，以低價吸引顧客，卻用高價結算。比如某商家一件商品有一千和六百兩種標價，顧客來了先向顧客推薦價格一千的商品，即使顧客以八折買走了該商品，商家還是多賺了二百元。

五、虛假標價　標價簽、價目表等所標示商品的品名、產地、價格或服務專案、收費標準與實際收費標準不符。如餐飲業不明確告知顧客，結賬時加主動端來的小菜、水果或加一成服務費等。

六、不守信用　商家事先向客戶承諾的服務和優惠不履行或不完全履行。比如有的旅行社改變行程路線、減少參觀景點、降低吃住條件等，甚至讓旅客補交所謂差額費用等等。

七、虛假折價　商家宣傳商品的折扣較高，其實折扣幅度與實際不符，如商家說一折起，但實際上只有一種劣等品，妳喜歡的還是要八折、八五折。

八、贈品成份標示不明　採用饋贈等促銷方式時，饋贈物品的品名、數量標注

不明，或者饋贈物品為假劣商品。

3．防騙五錦囊

儘管女人們都明白「天下沒有白吃的午餐」，但由於「餡餅心理」的作祟，面對誘惑總是難以抵擋。一些廠商正是利用了人們的這一心理，不斷推出免費品嘗、諮詢、試用等形形色色的促銷活動，待消費者免費消費過後，才知道所謂的「免費」，其實是在「宰妳」的把戲。年輕的單身貴族消費具有很大的隨機性，因此常常上「免費」的當。

對於「天下白吃的午餐」，不管妳信不信，都不要去試，否則，妳連哭的地方都沒有。在此，教給大家防騙五錦囊。

1．不要貪小便宜

有些騙子故意在路邊丟下假金項鏈、假鑽戒等物引誘人們上鉤，然後以平分為由，詐騙錢財。據分析，金光黨的手法，幾乎百年來都不變，可到了現在卻還會屢屢得逞。人們上當的原因不外乎貪小便宜，給了騙子可乘之機。須知，天下沒有白吃的午餐，不義之財不可得。

2．不要輕信他人

要警惕騙子利用過期作廢、不可兌換或偽造的外幣，採用「串通表演」的手法進行誘騙。出國旅遊（尤其是落後國家），人們如遇到有人自稱兜售外幣，一定要先到銀行進行鑒定後才可兌換。千萬不要因貪小利而被迷惑，以免落得個──「竹籃打水一場空」的結局。

3．不要圖高利集資

近些年來，非法吸金的老鼠會屢屢發生，許多求財心切的人因此傾家蕩產。雖然政府明令禁止非法集資，但這種非法行為在一些地方仍然存在，特別是在當前低利率的形勢下，一些非法分子利用人們貪圖高利的心理，有的聲稱利率高達20%～

30%，以引誘個人資金入股。這多半是一個美麗的陷阱，要小心為上。

4．不要盲目為他人擔保

有些人常礙於面子為他人提供經濟擔保，把儲蓄存單、債券等有價證券借給別人到銀行辦理小額抵押貸款業務。殊不知，一旦貸款到期後借款人無力償還貸款，銀行就會依法支取妳的有價證券用於收回債權。

5．不要涉足高風險投資

一些人的應變能力較差，不精於計算，因此最好不要選擇風險性高的投資方式，如股市、匯市、基金、房地產等，可以選擇儲蓄、公債等相對有穩定收益的投資種類。

4．撩起打折的面紗

女人，尤其是家庭主婦最喜歡打折商品。曾經流行過這樣一句順口溜：「七八九折不算折，四五六折毛毛雨，一二三折不稀奇。」有個過來人曾尖銳地說：「打折就是隨意定價的結果，商家一開始就想好了用打折的辦法來『釣魚』。」

建議朋友們在打折面前最好不要衝動，冷靜一下，看看這個東西妳是否真的需要。不需要的話，打再低的折也不應為其所動。

很多商家經常標出「全場幾折起」的牌子，女士們請注意，千萬不要小瞧了這個「起」字，這個「起」字可是給了商家很大的活動空間。

關小姐在打著此招牌的店裡看中了一雙名牌鞋子，去買單時，這個品牌並不打折。「那為什麼要寫『全場三折起』呢？」關小姐不解地問。「那是為了

讓妳大小姐走進來呀！」店員笑了笑回答。

據知情人士透露：實際上真正打這個折扣的商品不足50％。再說那麼多商品，利潤各不相同，怎麼能一刀切地定在三折呢？其實，各個商家的貨都是差不多的，打折的幅度在同一時間段也不會有什麼大變動。而且很多大品牌是不參加商家的打折活動的，它們的促銷活動都是全市連鎖店統一行動。還有很多新品同樣不參加活動，真正打三折的，往往都是那些過時過季的滯銷貨。同時，女性朋友們還要注意防範「××名牌春裝打折」的招數。

馮小姐在一家百貨公司看到一法國著名品牌服裝打折，並且折扣還很低，馮小姐不禁大喜，認為好機會就在眼前。可是仔細一看，都是庫存兩年以上的舊貨，而且還是一些零碼貨，根本沒她要的尺寸。

「買二贈一」中也有大名堂，一不小心妳就會上當。

劉女士在一家時裝連鎖店看到這麼一則廣告——「全部西裝買一送一」。她最初以為買一套可以送一套，就花了五千元買了一套西裝，誰知商家卻送給她一條羊毛圍巾。後來她發現相同的西裝在別處才賣三千八百元。

相信妳一定碰到過「購滿500送××」的活動。有些人總是喜歡那些新奇的小玩意，並稱之為「非賣品」。當初之所以痛下買手也是因為看上了這些所謂的「限量贈品」。要知道，妳這可是為了芝麻丟了西瓜，就為了一個價值不足50元的小玩意，而掏出500元買了並不太喜歡的東西，值得嗎？

另外，千萬別相信「滿一千送五百」的謊言。乍看之下，不禁大喜，這不就是打五折嗎？殊不知，這只是一個美麗的童話！

李小姐同樣相信了這個美麗的童話。她看上了一件樣式和品質都很不錯的羊毛大衣，標價七千元。她心裡暗自盤算，只用掏三千五百元就可以買到這件漂亮的大衣了。「就要這件吧！」她爽快地對店員說，走到收銀櫃台刷出來卻

是六千五百，李小姐不禁大吃一驚，她當場與之理論。對方卻說沒錯，滿一千送五百只是一次，超過並非以此類推。李小姐這才明白過來，想一想卡都刷了，算了吧，只能下次注意了。

5．廉價消費要有度

女人為了縮減開支，經常買一些便宜的商品，這很正常。可是在買商品的時候，一定要有度，廉價消費如果過度了，也是一種浪費。

愛美是女人的天性，貪小便宜更是女人掩藏不住的習性。不過還好，女人有聰明的頭腦和可以控制的情緒，只要能在突然被物質吸引住而失去理智的一剎那「冷靜一秒鐘」，想一下這個問題——「它真的會讓妳占到實質的便宜了嗎？」或許就能控制住過度消費的念頭。

除非妳生於富豪之家，花錢逛街、買東西屬於個人興趣的一部分，那就另當別論；不然，若發現妳的衣櫃裡有幾件還未穿過、而且商標還掛著沒剪的衣服，妳可要反省一下了。妳是不是有過類似的經歷：擺在商店貨架上的衣服看起來感覺還不錯，可是，當買回家後卻發覺並不適合自己，或是穿過一次就被打入冷宮了……

妳常穿的衣服，是不是雖貴卻很耐穿的？可能當時妳買得心痛，還埋怨著：「完了！要挨餓好幾天了！」可是，那件讓妳有機會減肥幾天的衣服，到現在卻仍舊愛不釋手，這也稱得上是很好的長期投資了！

雖然它不會增值，也沒有利息，但是，一件高檔衣服的投資，能讓妳省下一大箱廉價衣服所花的冤枉錢。把省下的錢再拿去投資可以增值又有利息可賺的理財計畫，這樣一來，不是讓生活多了正面的構想、而少了許多的遺憾嗎？

不過，每個人對金錢的衡量標準不同，廉價衣與高檔衣的區分，也依個人有不同的定義。

「占了一大箱便宜廉價衣，不如吃虧擁有幾套高檔衣」，只是以不同看法去判斷自己是否是為所需而花錢的觀念。在妳認為是廉價衣服的時候，是否認清自己是為了一時的貪念而買，還是那件衣服真的值得買？

可別小看以上這些「小小的」生活習慣，有些人能從這些習慣中省下巨大的財

富呢！

6．優惠券，更「受惠」的是商家

情人節之際，章小姐到超市買東西。想買盒巧克力送男朋友，而且有的進口巧克力還有優惠，但是必須有會員卡。章小姐猶豫了，買還是不買呢？但怎麼看怎麼划算。

服務員看見章小姐在看商品，走過來說：「送男朋友吧？買這盒高級巧克力是很合適的，目前正優惠會員，如果妳還不是，只要辦張會員卡，以後買東西也都可以積分、享受折扣！」

章小姐：「啊？有這個必要嗎？」

服務員說：「只要加入會員，以後什麼優惠活動都能參加啊！」

章小姐想想也對，就辦了張卡，買了巧克力。

會員卡的出現，就像商場經常發放的優惠券。比如，在麥當勞的網站上，顧客只要列印某張優惠券，就可以憑券到麥當勞以優惠價格享受某種套餐，甚至在路邊也可以獲得免費發放的優惠券。

表面上看來，它們是商家讓利給消費者。事實果真如此？

商家發放優惠券，最容易想到的解釋是：吸引更多的顧客，擴大銷售量。但如果是這樣的目的，那不如直接降價。正確的解釋是：商家借此進行「價格歧視」。

一般說來，價格歧視是指企業在銷售一種商品時，對不同消費者索取不同的價格，或根據消費者購買數量的不同，索取不同的價格。賺取更多利潤的利益驅動，是商家實行「價格歧視」的根本原因。

從市場需求來看，價格越高，需求量就越小；價格越低，需求量就越大。從商家定價來看，如果把價格定得過低，雖能賣出大量的產品，但由於每件產品所賺取的利潤小，總的利潤會較低；反過來，如果把價格定得過高，雖然每件產品所賺取的利潤大，可是能賣出的產品總數卻很少，總的利潤還是不高。

事實上，商家定價的決定因素是「總利潤」，而不是「價格」的高低。商家必

須鎖定具體的顧客，根據顧客的需求以及其對產品價格的敏感程度，尋找一個恰當的價格水準，讓總利潤達到最大。

回到麥當勞的優惠券上，麥當勞又是如何通過優惠券「受惠」的呢？

獲取麥當勞的優惠券，需要花費一定的成本。上網尋找優惠券，閱讀麥當勞的宣傳報紙，需要花費搜尋成本；列印優惠券，或者索取優惠券，需要花費時間成本。通常是那些時間成本比較便宜的人，更願意使用優惠券。而時間成本比較便宜的，又往往是一些收入偏低的人。

於是，麥當勞成功地把顧客分成了兩類：富人和窮人。對於富人——不持有優惠券的人，麥當勞供給他們的商品就比較貴；而對於窮人——持有優惠券的人，麥當勞給他們打折。通過這一分類，麥當勞的總利潤就達到了最佳狀態。

7．輕鬆解決超市大採購

很多女人逛起超市來，這也要，那也要，拿的時候掂不出錢的分量，算起賬來往往嚇一大跳：哇，怎麼會花這麼多錢！雖說過了把「購物癮」，但錢包也空癟了許多。那麼，如何才能防止錢包「為伊消得人憔悴」呢？

1．進門之前好好計畫

進大賣場之前，最好先制定一個購物計畫，將必買品用清單列出來，手邊如有DM，可粗略算一下價格，然後再進場購物。

2．打折商品三思而行

打折減價均是商家促銷的一種手段。俗話不是說過，「只有錯買，沒有錯賣。」尤其是食品，都有其特定的保質期。有些超市減價的食品大都快過期，如果貪圖便宜過多購買，一下子又吃不完，就會有變質的危險，這樣算下來，一點也不便宜。

3．最好使用手提籃

小姐女士，手提籃只要放一張紙進去，感覺就有重量了，但大大的手推車可輕鬆多了，放再多東西，也只要輕輕一推，滿載而歸。何樂而不為呢？

4．別帶孩子逛大賣場

小孩子天性愛吃愛玩。如果帶小孩去大賣場，往往會增加許多採購外的開支。小孩一進大賣場，彷彿劉姥姥進了大觀園，興奮得不知東南西北，吃的喝的玩的——增加了不該有的額外開支。

5．儘量少往大賣場跑

最好定期去大賣場，一個月或半個月去一次。平時把需要購買的家庭必需品及時記下來，然後集中一次購買。逛大賣場次數越多，花的鈔票也就越多。妳想節約的話，就不要怕麻煩。

6．用現金、少刷卡

現代人信用卡太方便了，不過也埋下了先消費後付款的「負債消費」方式，因為不管口袋有沒有錢，反正憑「一卡安天下」，因此如果妳要省錢，以現金交易最好控制。

8．想買的東西請再等三天

想買的東西等三天，而將想要丟棄的東西，多留一天。如此，就會發現還有半數以上的物品，都是可以再使用的。

李文在生了一場大病之後，就決定要好好鍛鍊身體。一年前，她與老公特意到了一家健身俱樂部想了解一下費用。經過了討價還價，他們倆最終以原價的七折購得兩張健身卡，總共花費了十一萬元。

接下來的日子真是充滿樂趣，他們每到週末就會去結伴健身，然後一起回家，感覺真是好極了。可是堅持了不到三個月，兩人的鍛鍊興致就被鍛鍊疲勞所取代，誰都不願意再去了。

其實李文夫婦總共只去了10次，如果按照每人單次價格八百元計算，僅僅需要支付一萬六千元。可是他們卻為這10次健身，總共花去了十一萬元，幾乎相當於兩個人一個半月的薪水。

與李文夫婦的消費經歷幾乎如出一轍的張凱夫婦，幾年前，從市郊搬到了市中心，每天沒有地方散步鍛鍊了，兩人經過左思右想之後，決定購買一台跑步機。自從有了這個想法，他們就開始狂逛體育用品商店。最後經過數次比較，他們買了一台七萬多的跑步機。

雖說價格不菲，但是與市中心健身俱樂部的會員卡年費相比，他們覺得還是挺划算的，因為畢竟這個屬於一勞永逸的「長期投資」。剛買回健身器的時候，張凱夫婦還經常搶著使用跑步機，但是不到一個月，兩人就不再搶了，他們的跑步興趣已經蕩然無存。現在，他們每天回家後都懶得看跑步機一眼，哪天都還要花錢來請人以廢棄物的方式抬出去呢！

每個人都難免偶爾購回大量的閒置物；每家肯定都會有買來不久就因為沒用而被丟棄的東西；而大部分時候都是買了東西之後，用過很短一段時間，就再也用不上了。

事實上這些都說明，購物者買回去的這些東西都不是他們真正需要的。那麼多沒用的東西之所以被買回家，主要是由於不良的購物習慣在作祟。而改變或控制這種壞習慣的最好辦法，就是在買東西之前，徹底想清楚自己是不是「真的」需要這個東西。

理財專家認為，如果想買某樣東西，不如先等個三天，之後可能就變得沒有興趣。三個星期之後，可能就把它給忘了。再過個三個月後，新產品的出現使原先中意的東西變成了過氣商品了。結果，三年後原本最喜愛的商品，也都變成垃圾，進了垃圾車。這樣的話，節儉的目的就達到了。

所以，如果妳手上有錢，不如立刻存到銀行。存進後認為再提出來比較麻煩，

便不會衝動地購買東西，因此能仔細考慮有無需要購買，並且能夠多比較幾家。即使要買，也要好好選擇以後再做決定。

目前ATM提款機滿街都是，提錢根本不必跑銀行，我有一個朋友就因此故意不辦金融卡，製造必須跑銀行的麻煩，就是她控制支出與節省之道。

事實上，世上的任何東西，絕對無法保證「一定會價值攀升」，而是有時升值，有時貶值。不知不覺中，有時還會變成資產價值為零的情形。正因如此，許多人總會在購物之後後悔。

「當時如果不那麼衝動買下來就好了。」

許多人在搬家時，發現家中竟然有那麼多無用的東西時，常常會說這句話。東西會隨著時間而改變價值，最後變成垃圾。人死了之後，生前所有的東西不是留給子孫，就是變成垃圾讓人給埋起來，甚至還會造成污染。

物質欲望再強的人，死後也沒有辦法把東西帶進墳墓去。後人還會為處理遺物而大傷腦筋。倒不如留給他們銀行的存摺來得方便，更讓他們高興。再不然寫個遺書，捐贈給慈善團體。

所以，女性朋友們再買東西時要問問自己：「將來如要把這東西處理掉，它還會有多少價值呢？」

這時，妳就不會買一些不需要的東西了。買進的東西，如果要再賣出去，大概就只剩下不到一半的價值了。

人們有時面對餐廳的美酒佳餚，就會食欲大動。其實美食是高血脂、糖尿病的主因，對於營養補給是沒有好處的。事實上，只要營養均衡，即使吃的是粗茶淡飯，也能夠延年益壽。當然，除了「衝動購物」之外，還有「衝動丟棄」。在丟棄東西之前，應該冷靜地好好考慮一下。還能夠繼續穿的衣服，修理後尚可使用的家具等等，還是可以再利用的。

總之，當妳花錢的時候，如果能有意識地讓自己理智一些，把想買的東西等三天，三天後再決定，是否真的要。而將想要丟棄的東西，多留一天。如此，你就會發現有半數以上的物品，都是可以再使用的。

9．飲食中的節約藝術

「吃」是每人每天的重要大事，女人要想有健康的身體就必須注重飲食。如何吃得又健康又經濟，是一門大學問。

每星期花點時間來規劃要買的食物，購買前按類別及分量列出清單，這樣才不會到了菜市場後亂買一通，造成不必要的浪費。有些青菜或水果有季節性，時令的蔬菜水果便宜又新鮮，萬一計畫中要買的蔬菜或水果，並不是當季的東西，這時就可以選擇替代的青菜或水果，沒必要選擇貴兩三倍的東西（貴不一定好吃）。

不同的市場有不同的菜價，早上的市場一般會比黃昏市場貴，而超級市場又比普通市場貴，最便宜的要屬批發市場。雖然在批發市場買菜分量較多（現在也有很多批發市場可以少量購買），但可以和親友同事一起購買後再分配，只要搭配得當，不但可以合理、健康地安排家人的飲食，而且一個月下來，也可以省下不少開支呢！

正確的飲食觀念也非常重要。每日三餐都要固定，既不要偏食，也不要暴飲暴食，應均衡攝取多方面的營養。

偶爾去餐館換換口味，是女人的生活樂趣。但經常在外用餐，會引起經濟上的困難，所以控制好上館子的支出，是非常重要的。

與朋友相聚經常請客吃飯，既花費過多，又不能為自己創造經濟效益。聚餐時養成各自付賬的習慣，既可以節省不必要的開支，又可享受生活的樂趣。假日請朋友來家中小聚，也是較為愉快、經濟的聚會方式。妳可以請每家人各帶一樣菜來，這樣做既能照顧到各人不同的口味，還能互相交流做菜的經驗，令大家感到新鮮又有趣。

女人只要能掌握吃的藝術，不必花費太大也可以盡情享受飲食的樂趣。

第8章

少花，就是多賺

理財專家認為，妳省下的每一塊錢，其價值都大於妳賺進的每一塊錢。

花錢是一門藝術，每個人都會花錢，但並非每個人都能花好。如果妳想積累很多財富，就要在乎每一分錢。

1．節約一分錢，就是賺了一分錢

不要讓自己的支出超過自己的收入，如果支出超過收入便是不正常的現象，「生吃都不夠，哪能曬乾。」更談不上發財致富了。

在一個偶然的機會，一位賣蛋的小生意人，向大生意人亞凱德諮詢致富的祕訣。

亞凱德笑了笑，向那位自稱很節儉的人問了個問題——

「假使你每天早上收進十個蛋放到籃子裡，每天晚上你從籃子裡取出九個蛋，其結果是如何呢？」

「時間久了，籃子就要滿溢啦！」

「這是什麼道理？」

「因為我每天放進的蛋數，比取出的蛋數多一個呀！」

「好啦，」亞凱德繼續說：「現在我向你介紹發財的第一個祕訣，你們要照我告訴蛋商的發財祕訣去做。因為你把十塊錢收進錢包裡，但你只取出九塊錢作為費用，這表示你的錢包已經開始膨脹，當你覺得手中錢包的重量增加時，你的心中一定有滿足感。

「不要以為我說的太簡單而嘲笑我，發財祕訣往往都是很簡單。開始，我的錢包也是空的，無法滿足我的發財欲望，不過，當我開始放進十塊錢只取出九塊花用的時候，我的空錢包便開始膨脹。我想，你如果如法炮製，你的空錢包自然也會膨脹了。

「現在讓我來說一個奇妙的發財祕訣，它的道理我也說不清，事實是這樣的：當我的支出不超過全部收入的90％時，我就覺得生活過得很不錯，不像以前那樣窮困。不久，覺得賺錢也比往日容易。能保守而且只花費全部收入的一部分的人，就很容易賺得金錢；反過來說，花盡錢包存款的人，他的錢包永遠都是空空的。」

「每次當我把十塊錢放進錢包的時候，我最多只花費九塊。」有錢人的用錢原則就是這樣，只把錢用在該用的地方，他們認為不該用的地方，是一塊錢也不會花出去的。

以節儉、愛惜錢財著稱的連鎖商店大王克里奇，他的商店遍及全美50個州和國外很多地方，他的資產數以億計，但他的午餐從來都是一美元左右。

克德石油公司老闆波爾·克德有一天去參觀一個展覽，在購票處看到一塊牌子寫著——「5時以後入場半價收費。」克德一看手錶是4時40分，於是他在入口處等了20分鐘後，才購買了一張半價票入場，節省下0.25美元。

妳可知道，克德公司每年收入上億美元，他之所以節省0.25美元，完全是受他節儉的習慣和精神所支配，這也是他成為富豪的原因之一吧！

今天早上六點一刻我出門，經過公車站牌時，竟然發現一個中學生攔著一部計程車走了，時間還早，為什麼要浪費這些錢呢？

年輕人在該捨得的時候要大方，該節省的時候要節儉。

著名的猶太經營者，他是個船商、銀行家出身的斯圖亞特。他曾經有一句名言，他說：「在經營中，每節約一分錢，就會使利潤增加一分錢，節約與利潤是成正比的。」

也許是銀行家出身的緣故，他對於控制成本和費用開支特別重視。他一直堅持不讓他的船長耗費公司的一分錢，他也不允許管理技術方面工作的負責人，直接向船塢支付修理費用，原因是——「他們沒有錢財意識。」

因此，水手們稱他是一個——「十分討厭、吝嗇的人。」直到他建立了龐大的商業王國，他的這種節約的習慣仍保留著。

一位在他身邊服務多年的高級職員，曾經回憶說：「在我為他服務的日子裡，他給我的辦事指示都用手寫的條子傳達。他用來寫這些條子的白紙，都是紙質粗劣的信紙，而且寫一張一行的小條子，他會把寫的字撕成一張長條子送出，這樣的話，一張信紙大小的白紙也可以寫三、四張『最高指示』。」

一張只用了五分之一的白紙，不應把其餘的部分浪費掉，這不但是一種習慣，也是他「能省則省」的原則。

可見，無論生意做多大，如果要想取得更多的利潤，節約每一分錢，實行最低成本原則仍然是非常必要的。

節約每一分錢，應該是每個年輕女性朋友對自己的基本要求。

2．精打細算能省不少錢

女人要生活，就離不開消費。小到油、鹽、醬、醋、茶，大到教育、買房、買車、休閒、旅遊，生活的方方面面都和消費有關。如果每次消費妳都以節儉為前提，那麼妳一定會省下不少錢。現在消費陷阱隨處可見，如果妳不會精打細算，結

果會怎樣呢？

當旅遊成為休閒和時尚的時候，旅遊消費的陷阱也在山山水水間遊蕩。許山水之秀麗，願旅遊之歡樂。每當推開旅行社的大門之時，提醒消費者開門的究竟是可愛的美少女，還是吃人的大野狼婆婆呢？旅遊中也要有「慧眼識珠」的本領。

網際網路給人們展現了它高科技的奇蹟後，也展開了一張張空中交織的網路，編織著美夢，也編織著謊言與陷阱。不知不覺中就「把妳困在網中央」了，讓「虛擬空間的黑色幽靈」吞噬著妳的金錢與時間。當掉進這些陷阱裡之後，「網路裡的浪漫旅程」最終只是一條不歸之路。

「學海無涯，教育消費無止境。」為了未來的成功，教育已經成為一項投資。從早期教育到出國留學，「路漫漫其修遠兮」，成才的道路漫長而艱辛。早期教育是孩子成為天才的真理還是謊言？

當購車不再是構想的時候，在購車消費中，許多購車陷阱隨著車輪的旋轉而啟動，購車成了讓妳欲罷不能的圈套。

當換掉手機已經像換掉情人一樣容易的時候，「手機消費的迷宮」也越來越撲朔迷離。「手機維修黑幕重重」，小小手機名堂多，就算是腦袋上再長出一隻眼來，也難以識別手機維修過程中的陷阱。

生活中處處都有陷阱，這就要求我們時時刻刻都保持清醒的頭腦，精打細算，理智消費。如果妳不精打細算而掉入這個陷阱，想想妳的錢包，還能保得住嗎？

女人要精打細算地過日子，要注意養成下面的習慣——

一、**定期存款**　每月薪水入帳以後要做的第一件事，就是根據這個月的開支做一個大概的估計，然後將本月該開支的數目從薪資中扣出，剩下的部分存入銀行。

二、**計劃採購**　每月都要對自己該採購的東西做一次認真仔細的清點，如服裝、日用品等，並用一個專用本子記上，然後到已經了解過行情的市場，按計畫進行採購。

三、**注意養成勤儉節約的習慣**　這是減少日常開支的一個重要環節，比如，使用一些節能、節水設施等。其實，日常生活中很多費用是不必要浪費的，這些金額看似不起眼，但長年累月堅持下來，可是一大筆錢。

四、**壓縮人情消費的開支**　現在的社會，人情消費的花樣很多，但要掌握適

當、適量、適度的原則。如果自己家有事，規模應越小越好。

五、**延緩損耗性開支**　任何物品，只要勤於護理，總可以延長壽命，提高其使用率，這無形之中就等於減少了因過早更新換舊而增大的開支。所以，要對音響、電視機、電冰箱、洗衣機、空調等大件家電以及自行車、摩托車等交通工具加強護理，延長物品的使用壽命。

⊙告訴妳成為巧手俏佳人的小技巧

妳可以用木頭廢料當做牆壁裝飾；到市場購買零碎布，縫製寫意浪漫的拼布窗簾；利用十字繡設計成的掛飾、桌墊、抱枕，利用舊物，再以創新的手法製作出新物品。

資源回收已成現代人的基本生活技巧，動機不只是在於節省天地萬物的惜物心情，更是展現個人風格的精彩過程。妳還可以利用彩繪、縫製的技巧，把舊衣上的蕾絲邊、鈕釦、顏料，加工到原本平凡無奇的牛仔褲、T恤上，甚至在電冰箱上畫上可愛的圖案，讓人每天都有好心情。

3．把錢花在刀口上

「能掙會花」究其本意，是「好鋼要用在刀刃上」。「能掙」是「用自己所能去爭取」，靠自己的勤勞獲取應得的利益；「會花」就是「花有所值」，而不是做毫無意義甚至是有損美德的消費。

把錢花在最需要的地方，其他的問題就能輕鬆解決了。生活中到處都需要我們花錢，而口袋裡的錢是有限的，只有把錢花到最合適的地方，才能達到物盡其用。

要想做到把錢花在刀口上，那麼對家中需添置的物品要做到心中有數，經常留意報紙的廣告資訊。比如，哪些商場開業酬賓，哪些商場歇業清倉，哪裡在舉辦商品促銷特展，哪些商家在搞特賣、打折或優惠等活動。掌握了這些商品資訊，再有的放矢，會比平時購買實惠得多。

一個人能否拿得出錢參加一次宴會，這本身並不是什麼問題。妳可能為此花掉了一千塊錢，但妳也許通過與成就卓著的客人結交，獲得了相當於百萬塊錢的鼓舞

和靈感。那樣的場合常常對一個追求財富的人有巨大的刺激作用，因為妳可以結交到各種博學多聞、經驗豐富的人。

在自己力所能及的情況下，對任何有助於增進知識、開闊視野的事情進行投資，都是明智的消費。如果一個人要追求最大的成功、最完美的氣質和最圓滿的人生，那他就會把這種消費當作一種最恰當的投資，就不會為錯誤的節約觀所困惑，也不會為錯誤的「奢侈觀念」所束縛。

英國著名文學家羅斯金說：「通常人們認為，節儉這兩個字的含義應該是——『省錢的方法』；其實不對，節儉應該解釋為——『用錢的方法』。也就是說，我們應該怎樣去購置必要的家具，怎樣把錢花在最恰當的用途上，怎樣安排衣、食、住、行以及教育和娛樂等方面的花費。總而言之，我們應該把錢用得最為恰當、最為有效，這才是真正的節儉。」

真正會花錢的人，都喜歡過簡單的生活。

一些人認為擁有更多的物品和僱用更多的人來服務自己，會讓生活更加舒適，而且這已形成一種社會時尚。一旦妳開始實行簡化生活，妳一定會覺得不需要清潔工而自己整理房子是一件很輕鬆的事；妳不必再為廚師做的晚餐總不對胃口而大傷腦筋；也不會為了找個稱職的司機而東奔西跑；當妳的應酬減少了以後，妳的衣櫃也可以縮減到最小的狀態；當妳的對外聯繫減少的時候，妳的手機話費自然就不再是天文數字了；當妳的草坪面積減少了以後，妳也不再需要專門的園丁了。

妳的人際關係單純化之後，妳也不需要去看心理醫生了。我們每個人都必須做出決定：妳是選擇讓物品和應酬的增加成為一種負擔，還是停止增加這些東西來使生活簡單、單純，這都看妳自己的選擇。其實，太多的物品和服務，反而會造成我們的壓力。捨棄那些不必要的雜物，妳會全身輕鬆，過得單純而自在。

簡單生活，可以讓節儉不再是負擔，讓欲望不再時時膨脹。當妳搭上簡單生活的便車時，妳會發現，原來生活可以更為自在。

4．學會省下生活中不必要的開支

許多女性經常克服不了心中的那句「我想要」，結果總是讓自己入不敷出。

事實上，消費的第一守則應該是要建立於「我需要」，行有餘力才能應付「我想要」。

但很多女性卻在「我想要」和「我需要」之間暈頭轉向，直到最後被物品所俘虜，導致必須付出漫長的時間和代價。

王琦，今年27，她之前在法國留學，人長得高挑又很漂亮，她個人最喜歡享受「I want it」的感覺。雖然工作能力很強，但是薪水族畢竟賺得有限，但她隔三差五就要到歐洲旅行，一旅行就一定會買名牌回來。當信用卡的帳單越來越多時，她只能吃利息繳最低額了，像這個月才過了一半，她已經瀕臨「斷糧」的狀態。

最後，她只好把她的寶貝名牌拿出來拍賣，其中有一件非常漂亮的絲質襯衫，雙邊的袖子上都繡著「MOSCHINO」的字樣，花了她將近兩萬元。當初她簡直愛死這件襯衫了，但她沒想到，要忍痛割愛，降價降到五千元，依然是無人問津！

年輕的女孩子常說，能花錢才能掙錢，所以她們不計後果地進行各項消費，喝一杯上百元的飲料，吃一頓花去半個月薪水的大餐。她們認為這是一種生活體驗，年輕就應該多見識，不能讓青春留白。

見識各種類型的消費是沒錯的，但是一旦養成這種消費習慣，妳的生活就基本沒了保障。打開妳的衣櫃，看一看是不是有很多衣服，妳買後就沒穿過幾次；打開儲藏室，是不是有很多備而無用的東西一直擱著……

所以，妳在下次購物的時候，先問問自己——

1・這件東西我真的需要嗎？

2・買了它，我會用多久？

3・它能實現它應有的價值嗎？

這樣多問自己幾次，妳就會省下許多不必要的開支。

會花錢、會省錢，是一種理財的智慧。聰明的女性一方面要不斷地向自己的小金庫補充，另一方面要防止小金庫的流失，這樣才能讓自己的小金庫變成大金庫。

5.「買」的時候，就要想到「賣」

很多女性認為，購買昂貴的名牌商品是一種寵愛自己的象徵，蘭蔻的口紅、香奈兒的香水、蒂凡尼的飾品、LV的包包、迪奧的套裝……很多人擁有這些東西的祕訣，就是省吃儉用N個月，然後一下刷光幾個月的薪水。

如果買名牌只是為了面子，卻要付出長久生活清苦的代價，那麼，妳就該三思而後行了……

簡單地說，想要省錢做大事，妳應該有物超所值的觀念，或最起碼妳要懂得什麼叫物有所值。因為一般來說，物超所值、物有所值、一文不值——是買東西的三種感受。很多女性買東西只在意即時的感受，卻忽略掉它恒久的價值，比如，花一萬塊買一隻錶，但是當這隻錶屬於妳的那一刻，它就已經不值一萬塊了。

也有很多女性買東西時懂得將未來的價值考慮進去。比如，同樣花一萬塊錢買一雙限量的運動鞋，經過一段日子後，或是這位球星又有了新聞，因此，它的價值可能就不止一萬元了，有的甚至會是原來的好幾倍價格呢！

一些名牌只要不是全新就只剩3折的價值，如果在「買」的時候，就想到物品「賣」的價值，妳購物時將會有另外一番考慮吧？

6·購買商品「六不要」，女性朋友們不妨一試

一、不要只求價廉　女人在購物時很容易選價格最便宜的。但現在有一些商家故意誤導消費者，把一些低檔的，甚至是已經過時的商品，搞一個「特別推出」，如果不懂該商品的性能而僅僅以價格決定取捨，那是很容易上當受騙。

二、不要求「洋」　國產品有些確實不如舶來品，但並非所有的產品都如此。在台灣「MIT」這塊招牌，聲名早已享譽國際了，如果一味地捨「內」求「洋」，是很容易花冤枉錢的。

三、不要求「全」　許多女性在購買商品時喜歡選那些功能全面的，以為功能全的就是品質好，這是一個誤區。「全」並不代表「精」。如果妳買一台電視，只

要畫面清晰、音色好就已足夠，沒必要選那些帶有「大小畫面」功能的，因為妳很少有使用到它的機會。

四、不要求「大」　比如，有些女性不考慮自己的住房面積和經濟能力，買商品一味求大，結果是花高代價買回的龐然大物，根本難以安置。

五、不要求「美」　商品是買來用的，不是買來看的，如果只看外表而不注重性能，很容易買到徒有其表的「繡花枕頭」。

六、不要求「新」　任何商品在剛上市時都有兩個特點：一是價格貴，二是性能可能還不夠完善。如果只是為了搶「新」而買，很容易被淘汰，近年來各型式的手機就是一個例子。

7．開源亦要節流

有一次，一個朋友請佛蘭克林參觀他的富麗堂皇的新居。他領佛蘭克林走進一間大得足夠召開議會會議的起居室，佛蘭克林問為什麼把房間搞得這麼大，這個人說：「因為我有錢。」

然後，他們又走進一間可容納50人就餐的餐廳，佛蘭克林又問幹嘛這麼大，這個人再次重申——「因為我有錢。」

最後，佛蘭克林生氣地轉向他，說道：「你為什麼戴這麼一頂小帽子？你為什麼不戴一頂比你腦袋大10倍的帽子？因為你很有錢呀！」

聰明的人能從別人的失敗裡學到許多東西，而愚蠢的人從自己的失敗裡是什麼也學不到的。

別人遇到禍患，自己學到謹慎，這樣的人是幸運的。很多人為了穿得好而餓肚子，並且還使他們的家人餓得半死。綢子，緞子，絨衣，這些都不是生活必需品，也稱不上是便利之物，可是就因為它們看上去漂亮，有多少人趨之若鶩！可見，人類的物欲遠遠超過自然之需，正如有人所言，對於窮人來說，貧窮是無邊的。

由於奢侈和浪費，富人們將會變得貧困，不得不被迫向那些曾被他們所不屑的人去借債，而後者則通過勤勞與節儉贏得了地位。顯然，一個站立的耕者，要比一

個跪下的紳士高大。尤其是富人的第二代他們常想：白天變不成黑夜，從這麼多財富裡面花掉一些是無足輕重的。可是，只出不進，「富過不了三代」糧倉很快就會見底了。

如果他們採納了這句良言：「如果想知道金錢的價值，那麼就去借錢試一試。」進一步的忠告是：「錦衣玉食是禍根，何不珍惜每分文。」

再者，虛榮如乞丐，行事更莽撞。一旦妳買了一件漂亮的物品，妳還會去買十件，然後便一發而不可收。窮者模仿富者，那是愚蠢的，如同青蛙要把自己脹得像牛一般大一樣。因為大船能迎風浪，小舟不可遠航。

拋掉那些揮霍無度的蠢行吧！這樣妳就不會有那麼多世道艱難、稅收太重、家庭不堪重負之類的抱怨了。

年輕人越早開始儲蓄投資，存的金額越大，就越容易提早幫自己累積到一筆可觀的資產。

初入社會的年輕女性朋友，對於手中的錢財，常犯的錯誤是有多少花多少，想買什麼就買什麼，甚至因為可以利用銀行借貸，而隨意擴張信用，陷入負債累累、入不敷出的窘境。因此，懂得如何開源、節流，以及正確評估投資風險非常重要。

8．節儉是財富的種子

羅素．塞奇說：「每一個年輕人都應該知道，除非他養成節儉的習慣，否則他將永遠不能積聚財富。」

假設有一個人，他一直享受著優厚的薪水待遇，現在突然失業了，而他又沒有任何積蓄。他肯定會抱怨自己的運氣太壞，而不會對自己的處境加以冷靜地反省。

墨斯就是這樣一個毫無準備、而意外失去了自己工作的人。多年以來，他從不考慮為將來儲蓄，又會花光了自己所有的收入。

他絕望地說：「想起這些來我就後悔，幾年來，如果我一天能夠存上一點錢，持之以恆，那麼我現在也應該有不少的積蓄了。想到自己以前這麼傻，我就要發瘋。現在這樣真是自作自受呀！」

細微的瑣事可能是生活中最重要的事情。不積小流，無以成江河，不積跬步，無以至千里，忽視點滴的積累是可笑而荒唐的。

也許十塊錢，對妳來說可能微不足道，但是它卻是在財富土地上得以生長的一粒小小種子。

每一枚硬幣都是一棵財富之樹的種子，是我們人人都羡慕、人人都渴望擁有的財富之樹的種子。如果妳幻想自己擁有一棵這樣的樹，如果妳想年老的時候，可以過上安逸的生活，妳就要理智地行動。從現在開始，認真地對待每一枚硬幣吧！

如果能夠節儉地利用自己的收入，免除不必要的開支，那麼幾乎任何一個壯年勞動力都能夠自給自足。但不幸的是，人們往往會發現，這卻是一件世界上最困難的事情。

許許多多的人甘願艱苦的工作，但是能夠做到生活節儉、量入為出的人，卻不到十分之一。大多數人的收入沒過多久就被吃喝一空，他們從不拿出一小部分作為積蓄，以備在疾病或者失業等緊急情況下使用。

所以，在金融危機的時候，在工廠倒閉的時候，在資本家凍結資金不再投資的時候，他們就會陷入困境，甚至要破產。把那些賺來的錢立刻花掉，從不為未來做任何儲蓄的人，不會比一個奴隸過得更富足。

「假設他有一定的能力和理智，」菲力浦・阿莫說：「一個節儉、誠實和有經濟頭腦的年輕人，怎麼會不成功呢？怎麼會沒有財富上的積蓄呢？」

當被問到什麼品質使他成功的時候，阿莫說：「我認為，節儉和運用財商創富是重要的原因。我從媽媽的教育中獲益匪淺，我繼承了蘇格蘭祖先們的好傳統，他們都很節儉，講究理財原則。」

每一個年輕人都應該知道，除非他養成節儉的習慣，否則他將永遠不能積聚財富。在開始的時候，即使只節約幾分錢也要勝過不做任何的儲蓄；隨著時間的變化，他將會發現，拿出一部分作為積蓄變得越來越容易了。銀行積蓄的快速增長會令妳吃驚，那些能夠這樣做，並且持之以恆的人，將會過一個幸福的晚年。

有的人總是悲歎他沒有變得富裕起來，因為他花掉了他所有的收入。一個人應該學會的第一件事情就是存錢，這樣他會變得節儉，這是最寶貴的習慣。節儉是財

富的創造者。節儉是文明人和野蠻人的分界線。節儉不僅創造財富，而且還磨鍊一個人的意志，培養一個人的品格。

第9章

拋棄錯誤的消費觀念，做個「嗇女郎」

很多白領女性、單身貴族，甚至是年輕的媽媽，因為錯誤的消費習慣成為「月光族」或「透支族」，甚至是債臺高築的「卡奴」。

1．別用購物發洩壞情緒

女人總是會有情緒的起伏波動，但不知是社會風氣使然還是由於強烈的自尊心，大家都習慣性地在人前掛上一副面具，隱藏起內心真實的感受。於是，當情緒積壓到某個無法承受的限度時，就會尋求一些比較極端或瘋狂的方式來宣洩，傷身、傷財，甚至還會不小心傷了身邊的人。

我們都知道，過分地壓抑可能會造成心理上沉重的負擔，卻又不知道該怎麼卸下臉上那張戴得太緊的面具。所以，跑到人聲嘈雜的地方逃避面對自己，花了一堆錢買了一堆東西，試圖想「買」回一點點快樂，結果呢？每當看見那些東西時，也許又勾起了那些不快樂的記憶。

調查中常常發現，女人心情低落時總和逛街脫離不了關係。也許女人的購物欲和男人的煙癮一樣，只是一種情緒的轉移。

很多女性朋友，她們的情緒變化往往很外露。如果哪天換了一個新髮型，戴了

一對新耳環，穿了一件新皮裙，買了一個新包包，或是和一大群朋友到ＫＴＶ唱了一夜的歌，她的答案很可能只是：「人家心情不好！」

小蕾和交往了很久的男友分手後，刷爆了幾張卡，買了一大堆的東西想要以此來填補心裡的那份失落，結果呢？真的成功地轉移了悲傷，重新找回快樂了嗎？當然不是了。每當聽見一首和她遭遇相近的歌曲時，她又會開始發狂地刷卡。

報載在美國，也有一位叫凱琳的女孩，因為刷卡刷爆沒錢還，竟然異想天開，自己建了一個網站，呼籲全世界的網友捐錢給她——「請大家救救凱琳」，沒想到三個月後，捐款已經多達一萬多美元。

用血拼來發洩壞情緒的女人，一定不少。在刷卡的時候，她們的情感已經戰勝了理智。其實，抱著大包小包的「戰利品」回到家之後，就會發現那些導致心情低落的原因和問題，並沒有消失或解決，反而因經濟出現不良狀況而增添新痛。所以，依靠瘋狂購物來轉移情緒的做法，是不可取的。

其實，心情不好的時候，試著靜下心來，休息一下，再想方法重新出發；沮喪的時候，找個談得來的朋友聊聊，悲傷的時候，去看場感人的電影大哭一場，或者和好友相約到戶外走走，大口地呼吸新鮮的空氣，找個健康而又積極的方法調整心情，適時地釋放壓抑的情緒。

總之，生活可以隨性，卻不能任性。

2．「想要」的還是「需要」的

消費動機對消費行為起了至關重要的作用。消費動機決定著消費行為，在消費活動中，消費者樹立正確的購買動機非常重要。

正確的消費動機很多，主要有以下幾種——

一、**是生存類購買動機**　這種購買動機多出自於生活所必需，不購買就不能生存。如購買油、鹽、柴、米、衣服、鞋子等日常生活用品。這種購買動機為所有消

費者所共有，是最基本的。

二、是理智類購買動機　這種購買動機對要購買的商品有計畫性，有一個深思熟慮的過程，並在購買前做了一番調查研究，對所購買商品的特點、性能、價格、品質、用途等做到了心中有數，購買時重視商品的品質和耐用性能的挑選，購買後不輕易退換。

三、是自信類購買動機　這種購買動機大多有一定的目標，不受他人的影響，毫不懷疑地按選定目標去購買，即使情況變化，也堅定不移。

除了正確的購買動機外，還有一些購買動機，很難區分對錯——

一、是被迫類購買動機　這種購買動機往往是購買者求助於人辦事，需要請客送禮來還情，不得不購買，是被迫違心地花錢。

二、是保守類購買動機　這種購買動機多發生在商品供大於求時，觀望等待，選擇性較強，不稱心合意不買。

還有幾種購買動機不正確，是絕對要拋棄的——

一、**是衝動類購買動機**　這種購買動機通常被商品新奇的外觀、便宜的價格所吸引，感情衝動，心血來潮，不顧自己是否需要，草率購買。

二、**是時髦類購買動機**　這種購買動機通常被社會上流行某一種時髦的款式所驅使。愛買服飾是女人的天性，尤其在這個消費過度的年代。

日本女星「流行教主」濱崎步是個鼎鼎有名的拜金女。濱崎步喜歡法國名牌ＬＶ，據說光是ＬＶ大大小小的包，她就有200多個，而且在持續增加中。有一年，濱崎步到新加坡領取最具領導力的藝人獎，光是兩三天的行頭就足足帶了十幾大箱，而且全是ＬＶ的大包包，派頭十足。

商家喜歡用大幅的海報、醒目的圖片和誇張的語言吸引妳，現在有減價、優惠、促銷等活動，有時特價商品的價格還會用醒目的顏色標出，並在原價上打個×，讓妳感到無比的實惠。

如果妳面對這種誘惑蠢蠢欲動，但是又發現物品的價錢超出妳的承受能力，那

麼妳應該分析「想要」和「需要」之間的差別。

把錢和注意力集中在有意義的或是有用的東西上才值得，如果是真的「需要」，那麼可以在其他支出方面節省一些，在預算範圍內還能抽出錢來購買所需的東西；如果只是單純的「想要」，想一想那些因妳衝動購買而仍被置放於冷宮的物品吧！妳還要再犯相同的錯誤嗎？

其實，人們對物品的佔有欲與對物品的需求，並沒有什麼關聯，妳可能並不是因為需要某樣東西，才想去擁有它。

此時不妨先冷靜一下，轉移注意力，當妳隔幾天再回頭看時，說不定發現妳已經不想再要那個東西了。這樣，儘管妳買的東西比想要的少，但是能收益更多，並逐漸養成良好的消費習慣。

另外，還要遠離「遺憾消費」。

心理醫生指出——「遺憾消費」可以說是輕微心理變態的一種表現。

在購物中，壓抑的心情雖可以有所緩解和得到發洩，但為此卻常常付出了可觀的金錢代價。

「遺憾消費」的形成有很多原因，也因人而異，它不僅和人的性格、閱歷、收入多少有關，而且還和人的修養程度有一定的聯繫。那麼，怎樣才能真正有效地防止這種「遺憾消費」呢？

一、**不要一次性購買**　換句話說就是不要突擊式地亂花錢，採取統籌兼顧，缺什麼才買什麼的辦法。家庭消費應該從大處著眼，小處著手。買東西最好有個計畫，一個一個擊破，切忌全面開花。

二、**衝動性購買不可取**　就是說不要在事先無計畫的情況下，臨時產生購買行為。尤其是不要受廣告和精美包裝的衝擊，及片面追求新奇和從眾心理的影響，打亂了正常的開支。

避免衝動，要遵循價值原則，所購物品應是生活必需品，遇到可買可不買的東西，不管別人怎樣搶購，也不要盲目從眾。

要遠離「遺憾消費」，最重要的一條是買任何東西都要有主見，要選擇真正適合自己的商品消費。

要克服缺乏主見的購買行為，就要培養自己的合理決策能力。首先要有自己的

主見和信心，不要盲目地模仿別人，也不要盲目地聽別人說三道四，這樣就會增強我們對購買物品的鑒別力；其次，要在購物中進行合理決策，掌握所購商品的行情資訊，這樣就能在購物中避害趨利，減少後悔。

3．不選貴的，要選對的

買東西並不是越貴越好，只有適合自己的才是最好的。

事實上，在正常情況下，商品絕不可能既是最好的又是最便宜的，這是我們大家都明白的道理。而要想真正做到令自己滿意，首先要對所謂的「好」有一個切實的界定。

賣的人精明，買的人也不是傻瓜，貴東西必然有它貴的道理。但對這貴東西的「好」則要具體分析，傳統認為所謂的好，多表現在材料、製造、設計、工藝等方面。

在現代社會，「好」的方面要廣泛得多——兩件材料、製作、工藝等完全相同的西服，名牌的比非名牌的就可能貴上好幾倍，那些多出來的錢不是花在商品上，而是花在牌子上了。

有的時候兩件品質、款式一樣的商品，百貨公司、精品店賣的就比在普通商場裡貴得多。因為前者地處繁華區，店租貴、裝修考究、服務周到，這些錢都要讓消費者掏腰包，所以它貴也不是沒有道理。

多元化是現代社會消費的一個重要特徵，所謂好與壞的標準，常常不能用一支固定的尺來衡量。不過，東西越好越貴是沒錯的，只是這「貴」是否能讓人所接受。如果超出我們的承受範圍，就會給我們帶來沉重的負擔。

事實上在正常情況下，商品絕不會既是最好的又是最便宜的，這是我們大家都明白的道理。而要想真正做到令自己滿意，首先對於所謂的「好」要有一個切實的標準。比如，裝修居室：「特立屋」裡的木地板價格便宜的每坪一百五十元，但貴的也有近千元的，論質地更是令人眼花撩亂。這時就不要管價格，而是先就自己房屋裝修的檔次、規格、顏色等，選擇較為滿意的木地板。

這裡的「滿意」與裝修的好壞程度及個人的審美標準有關，而不是單指東西的

好壞，然後在滿意的基礎上再選取價廉的。如果在這些木地板中，覺得中等檔次的與自己的裝修水準相適應就叫「滿意」，那麼可以在這一類裡進行選擇。

1．買東西還要分清購買時機

什麼是最佳購買階段？花的錢最省，買的東西又不落後，那就是最佳購買階段。

商品特別是耐用消費品的出現總要經歷開發、研製、小批量生產、大量投產、萎縮等階段，然後是又一輪的開發、研製……在最初的開發、研製階段，產品的性能還不穩定，但十分新潮，產品的成本高、售價貴，市場銷量逐步上升，但升幅不大，這個階段的商品不宜購買。應等到進入批量生產階段，此時商品的性能、品質逐漸趨於穩定，生產批量大了，價格有所下降。假如不是特別急需使用，最好再等一等，因為其價格還未降到谷底。

下一步是「維持量階段」，市場已接近飽和，形成買方市場，價格大幅下降，這時才是最佳購買階段。這個階段不但價格合算，而且產品品質進一步完善，廠家競爭也趨於白熱化，消費者正可坐收「漁翁之利」。這說起來很好懂，但真的做到「恰到好處」也有點難。

欣欣特別喜愛手機，剛開始上班就花上一萬多元買了一個「最新款」，誰知還沒過半年，這款手機的價格已降到不足四千，不能不說損失慘重。可見，找對了最佳購買階段是把錢花到實處的重要一環。

許多女人都崇尚名牌，名牌的優良品質是許多人選擇的原因，妳能花較少的錢購買名牌嗎？名牌消費的科學能幫妳省下不少銀子。

名牌的信譽和品質都是毋庸置疑的。比如，蘋果、三星手機，索尼的家電，佳能的相機，這些東西都是所在領域的佼佼者。如果想一勞永逸，我們不僅要接近名牌，而且要學會買名牌產品。只有具備了名牌消費的方法，我們才能在護住自己銀子的同時又擁有價廉物美的物品，何樂而不為？

2．挑選名牌時要注意，東西的價與值是否相符

利用打折期間挑選名牌，妳一定能買到物超所值的名牌。

比如服裝，較符合價值相當原則的，是一般平價的名牌，如果妳選對了購買的時間，在換季打折期間，甚至比仿冒品還便宜許多。

名牌打折其實不難碰到，很多名牌專櫃通常都會配合商場做換季特賣，有時也有「限定特價品」，所以，偶爾逛一逛百貨商場，就可以撿到便宜貨。

對於消費名牌，也要學會錢要花在刀刃上，價格與品質相差很多的名牌最好不要買。只有在價格打了折扣時，買名牌才符合理財的原則——划算，讓錢財發揮最大的效用。其實，購物是一件相當感性的事，但重點在於商品或服務的價與值一定要相當，才真的有價值。

名牌消費得當，也是有錢人的一種花錢方法，只有真正學會挑選價廉物美的名牌，妳的錢袋才會保得住。

4．勇敢走出心理消費誤區

許多女人花錢從不知道控制，她們大多有嚴重的消費心理誤區。為了不過那種

「上半月富人，下半月窮人」的尷尬生活，為了望著一時衝動買回來的無用物品而興歎的事少發生，女人要學會花錢，走出心理消費誤區，做個聰明的女人。

消費者在購物過程中，對所需商品的不同要求，會出現不同的心理活動。這種消費心理活動往往支配著人們的購買行為，其中有健康的，也有不健康的。

1．盲從心理

大多數女人都會盲從附會，購物也一樣，盲目跟風是很典型的心理消費誤區。很多人在購物認知和行為上，都會不由自主地趨向於同多數人相一致的購買行為。

盲目追隨他人購買，表面上是得到了某種利益，事實卻並非如此。很多人都曾受搶購風的影響，而買回一大堆東西，事後懊悔不已。消費者的合理消費決策必須立足於自身的需要，多了解商品知識，掌握市場行情，才能有效地避免「從眾行為」導致的錯誤購買行為。

2．求名心理

許多人在購物時都容易有求名心理。名牌擁有經過長期努力而獲得的市場聲譽，名牌代表高品質，代表較高的價格，代表使用者的身分和社會地位。如果消費者為了追求產品的品質保證而選擇名牌產品，那是明智的；但如果買名牌是為了炫耀，以求得心理上的滿足，則是會陷入了購買名牌的誤區。

3．求廉心理

求廉心理在消費者的購買行為中，表現得最為突出。要便宜其中的主要原因是經濟收入不高，和勤儉持家的傳統思想，儘可能用少的經濟付出，求得儘可能多的回報。

物美價廉也可能產生消極的後果。一方面，在觀念上求廉心理引導著消費者低水準消費、吝嗇消費；另一方面，有的消費者的求廉心理走向極端，購物時永遠把價格便宜放在第一位，進而發展為只要是廉價商品，不管有用沒用都會購買。

所以有求廉心理的消費者，在市場上尋求價廉商品的同時，必須考慮商品的實用性，和一定的品質保證，否則會得不償失。

走出消費誤區，妳才能做到理智消費。

5．永遠不要講排場亂開支

大多數人或許都認為，成功人士就是開著新型豪華轎車，手持各類昂貴的VIP卡，佩帶名牌手錶，穿著名牌衣服、鞋子，住在豪華別墅裡的人。

擁有這一切的人的確令人羨慕，因為表面上看起來他們過著比一般人好得多的生活。事實上，有很多人在提前透支過著一種，自己根本負擔不起的生活，他們在拿著自己的虛榮心到處炫耀。

小月夫婦是一對典型的現代時尚「月光族」。他們兩個人都在外企公司工

作。按說他們兩個人每月收入高達十二、三萬，應該可以存下不少錢，但是錢這東西往往來得快、走得也快。

沒多久小月懷孕了，老公不同意她再開車上下班。小月老公已有一輛別克，於是兩人便決定將小月的馬自達車賣掉。

這輛馬自達車買來還不到一年，總共跑了還不到一萬公里，但是賣二手車的價格卻只有新車的六成多一點，還不包括稅捐、保險等一系列的費用。也就是說，這輛車從買回家到賣出去雖然不到一年時間，但是兩人損失就高達二十萬多元。

不久，小月夫婦同時看上了一款進口的新型BMW，於是在一次促銷活動中，兩人終於禁不住誘惑花三百多萬元買下了這款車。從那以後，小月家的那輛別克車就被冷落在車庫裡了。

任何商品的總成本中都包括購買和運轉兩大直接成本，除此之外，還包括一種叫做「機會成本」的東西。

機會成本是指投資者可以用資金做其他的投資用途。就以小月夫婦為例，他們將三百多萬元用於購車，就無法將這筆錢進行別的投資了，因此也就無法得到其他投資的收益。

如果小月夫婦用這三百多萬元投資不動產買個房子，幾年之後，房子的價格就會上漲，他們的資金也將升值，而他們購買的汽車，引擎不管有沒有轉動，價格卻每天都在急遽下跌（折舊）。

事事難以預料，小月的老公因為工作上的事與他的頂頭上司發生了爭吵，最終辭職離開了公司。在失業的一段時間裡，他發現自己不僅失去了收入來源，也失去了自己以往的身分。過去他將大部分時間用來上班、應酬、掙錢，那些都是為了「秀」給別人看，而現在他丟掉了工作，一切都只有從頭再來了！

「金錢容易引發意外，任何人對待金錢都要謹慎，否則就要損失金錢。先要學會看管少數金錢，然後才可以管理更多金錢，這是最聰明的提防金錢損失的辦法。」

一個人不管多麼有錢富有，也絕不能隨意揮霍錢財。在宴請賓客時，以吃飽吃

好為主，不要講排場亂開支。在生活中，以積蓄錢財為尚，不要用光吃光，手頭空空的。

有人曾測算過，依照世界的標準利率來算，如果一個人每天儲蓄1美元，88年後就可以得到100萬美元。這88年的時間雖然長了一點，但每天儲蓄2美元，在實行了10年、20年後，很容易就可以達到10、20萬美元。一旦這種有耐性的積蓄得到利用，就可以獲得許多意想不到的賺錢機會。

努力掙錢是行動，設法省錢是節流的反映。財富需要努力才能得到，需要杜絕漏洞才能積聚。女人是管錢的匣子，所以女人一定要學會省錢節流。

6．帳本，告訴妳錢去了哪裡

居家過日子，進進出出的開支非常零星。一日三餐、交通、娛樂等，看上去好像很固定，但總是會有一些不經意的額外支出，到月底時嚇妳一跳，不僅僅大大超出了預算，還思前想後不知道錢花到哪兒去了。所以，從現在開始就趕快準備一本帳簿，記下妳生活中的每一筆開支。這個方法看似簡單，卻非常有效。

要記賬首先要選擇好記賬的方法。只要肯花時間，從每天的記賬開始，把自己的財務狀況數位化、表格化，不僅可輕鬆得知財務狀況，更可替未來做好規劃。

一般人最常採用流水賬的方式記錄，按照時間、花費、專案逐一登記。若要採用較科學的方式，除了須忠實記錄每一筆消費外，更要記錄採取何種付款方式，如刷卡、付現或是借貸。

其次要特別注意記好錢的支出。資金的去處分成兩部分，一種是經常性方面，包含日常生活的花費，記為費用專案；另一種是資產性方面，記為資產專案。資產提供未來長期性的服務，例如，花錢買一台冰箱，現金與冰箱同屬資產專案，一減一增，如果冰箱壽命五年，它將提供中長期服務；若購買房地產，同樣可帶來生活上的舒適與長期服務。

最後要蒐集整理好各種記賬憑證。如果說記賬是理財的第一步，那麼集中憑證單據一定是記賬的首要工作，平常消費應養成索取消費發票的習慣。平日在蒐集的發票上，清楚記下消費時間、金額、品名等專案，如沒有標識品名的單據最好馬上

加注。

此外，銀行扣繳單據、捐款、借貸收據、刷卡簽單及存、提款單據等，都要一一保存，放置固定地點。憑證蒐集完全後，按消費性質分成食、衣、住、行、育、樂六大類，每一項都按日期順序排列，以方便日後的統計。

記賬貴在堅持，要清楚記錄錢怎麼來、怎麼去。無法養成記賬的習慣，除了意志薄弱，記賬太瑣碎也是原因之一，好像不值得為了記錄金錢支出下這麼多工夫。

事實上有一些記賬小技巧，可以協助持續記賬的習慣。

首先是概略記錄法——

日常生活點點滴滴的花費相當瑣碎，能夠逐項記載當然最好，不過如果純粹因為這個因素而放棄記賬的人，可以使用僅記錄大略支出的方式代替。例如，每日三餐費加起來總共250元，那麼，一個月的伙食費即可記錄為7500元（250×30＝7500）。其他專案也可比照這種做法辦理，簡化方式、記錄重點，就很容易把記賬變成習慣維持下去。

其次還有支出檢討法——

僅是流水似的記錄每日的消費還不夠，更重要的是要從這些枯燥的資料中分析出省錢的技巧。檢討包括兩部分：

一、就收入面來看，想想有沒有其他「開源」的可能性；

二、就支出面來看，檢視每筆花費是否必要與合理。

除了記下平時的生活花費以外，還要有家庭財產紀錄。

家庭有必要建立理財的三個帳本：家庭理財記賬本、家庭貴重物品的發票檔案本、家庭的金融資產檔案本。

1．理財記賬本

其賬簿可採用收入、支出、結存的「三欄式」，方法上可將收支發生額以流水賬的形式序時逐筆記載，月末結算，年度總結。同時，按家庭經濟收入（如薪資收入、經營收入、借入款等）、費用支出（如開門七件事、添置衣服等費用）項目設立明細分類賬，並根據發生額進行記錄，月末小結季結、半年結以及年度做總結。

2．發票檔案本

主要蒐集購物發票、保證書、保修卡和說明書等。當遇到品質事故給自己帶來損失時，購物發票無疑是討回公道、維護自身合法權益的重要憑證，所以一定要妥善保存。在保修期內，保修卡是商品保修憑證，在發生故障時，說明書是使用人員的好幫手。

3．金融資產檔案本

能及時將有關資料記載入冊，當存單等票據遺失或被盜時，可根據家庭金融檔案查證，及時掛失，以便減少或避免經濟損失。

7．摒棄過節的陋習

每到了年節，有兩種人情最讓人頭疼。一是請柬滿天飛，二是回不完的禮，這也是「過年前」中的傳統項目。當請柬變成「催款單」，禮包變成「炸藥包」，還要妳來我往比面子「消費」，多少人笑在臉上，痛在心裡！身為女人，妳一樣逃避不開這些應酬，但是應儘量摒棄這些陋習。

1．陋習之「人情禮」

陳玲玲近年來在事業上步步高升，節日一開始便陸續有朋友親戚送禮。常言道，來而不往非禮也，陳玲玲又不敢學著別人，把西家送來的禮「贈」東家，於是合計著回送，一算下來，僅僅「回禮」就價值幾萬元，她只好望著滿屋子別人送的中看不中用的禮品發愁。

▲避陋消費建議——

遠離人情這條鏈。現代人寄請帖都會附上出席回函卡，你只要在回函卡上聲明：抱歉，早就安排出國行程，因此無法參加……云云。

對收禮千萬別玩來而不往的遊戲。對一切會送禮的人，事先就先聲明不受禮，然後堅決不收，堅持兩年以後必有成效。

2・陋習之「年貨狂」

有一對夫婦總是瞧見別人買什麼，心裡就不平衡。春節前，每天都往家裡搬東西，直到大冰箱撐得關不上門。在陽臺上掛著堆著的全部是臘味年貨，有些往往才買來幾天就變了味。

逢節購物本是無可厚非的事，但這種春節消費不乏盲目攀比、跟風的現象，加之商家逢年必搞「大減價、大拍賣」的活動，因此，消費者在節日購物，因貪多求全，要面子攀比跟風，可能會變成吃啞巴虧的購物狂。

▲避陋消費建議——

做個購物計畫。平日可買到的東西，沒必要過節才買，切忌衝動和貪便宜。商家都有「趁節賺錢」的打秋風習慣，妳只需「你說你的，我買我的」就不吃虧。

千萬別患「消費紅眼症」。或許妳有個鄰居身穿幾千上萬元一套西裝，可過年的時候，口袋裡卻只有剩不到一百元的現金。

不少商家趁過節大賣庫存積貨是個事實。記住，過年賣的東西不一定是好東西，事實上，有很多商家是看了妳的荷包（獎金），而來打秋風的。

可提前購買一些節貨，這樣消費品質才有更好的保證。過節時大家都忙購物，妳擠我擠，很容易上當受騙。

3．陋習之「請客賽」

小劉老家在鄉下，每逢過年，必定賓客盈門，七大葷八大素的吃個不亦樂乎，呼朋喚友，一下子花個幾千元上萬也不皺眉頭，有時初一他請，初二我請，輪流比賽山吃海喝。結果過一個年節下來，薪水獎金全吃光不算，還背上一身債。小劉自己的解釋是：逢年過節咱也不懂消費什麼好，想想大家都愛吃，因而過年的快樂就是請客吃飯！

大家過節時的窮吃猛喝，根本不是在品嘗美食，更像是在為醫院製造一些「胃腸病」患者。

▲避陋消費建議——

過節少胡亂吃湊熱鬧，在家吃得平常，一來健胃，二來保命。

利用年假出國旅遊，也是一個不錯的點子！不過，要提早半年訂，否則到時費用往往貴一倍。

4・陋習之「賭博風」

一到過年，各地似乎都會出現聚在一起玩麻將、打牌的人群，有的人是在很短的時間內便輸掉了一年的血汗錢，有的人是賭紅了眼，大打出手，最後把自己賭進了牢房。

▲避陋消費建議——

眼不見，心不亂，很多賭博是從「看別人賭」開始的，過年湊熱鬧，可千萬別往這堆人跟前湊。

5・陋習之「湊熱鬧」

別的且不提，就這幾年才興起的節日旅遊來說，必定是哪裡熱鬧往哪裡擠，哪裡人多哪裡一定好，哪裡線路熱，不往那條線上走一走就算不上出門旅遊，如此等等。最終多是花錢買罪受。

如此一來，不少人如「老鼠進風箱，兩頭受氣」，在家裡無聊得恐怖，走出家門玩來玩去人山人海，擠得渾身是汗，花了比平時多一倍的錢，還玩不出平時一半的快樂。

▲避陋消費建議——

提倡短途旅遊。過年時到郊外踏青、看看山、看看海，花費少、行程短，攜帶東西簡單，可去的地方又多，倘若採取自助、用車、自由結伴等方式出門更好。

攜家遊一回，闔家樂一年。不妨改變一下團圓的方式，到一處旅遊風景點小聚；平日不常一起走動的一家人，約上個時間扶老攜幼出門逛逛，絕對能收到意想不到的節日效果。避熱就冷，只與自己的需求和欲望有關。

第10章

花小錢，讓妳體會到超值享受法

聰明的女性都知道，
高品質的生活並不一定要花很多錢才能得到。
如果懂得一些省錢的小智慧，
花小錢也可以得到貴族般的享受，
同時還可以體驗超值消費的快樂！

1．最省錢的減肥方法

不少女性在減肥上投入了大量的金錢與精力，然而卻是收效甚微。那麼有沒有既減肥又省錢的方法呢？有！減肥專家為妳推薦下列幾項運動。它們都是不必花大筆錢去健美中心也可以做的鍛鍊身體的運動，可達到既經濟又健身的目的。

1．看電視

對於現代人來說，看電視是生活中不可缺少的一部分，很多人在看電視的時候都是半躺半臥，時間長了就會明顯感到腰酸背痛。其實，完全可以利用這段時間來鍛鍊身體。方法如下——身體端坐在椅子上，雙膝併攏，脊椎骨靠在椅背上，雙手抱住脖子，抬起左膝，用右肘去觸碰，然後，再以反方向重來。以此重複數次之後，妳就會驚奇地發現所有的腰酸背痛都不見了，並且還能消除腹部的脂肪。

2．收拾房間

在收拾房間的時候，難免要彎腰、下蹲。千萬不要浪費這個時間，它也是一個鍛鍊的絕佳機會。在妳下蹲的時候，儘量拉伸背、腰和腿部肌肉的韌帶。要注意，腳後跟儘量不要離開地面，彎腰的時候，也要使背部保持平衡、脊柱挺直。

3．上下樓梯

上下樓梯的時候也是一個鍛鍊身體的好機會。上樓時，將整隻腳都放在臺階上，膝蓋稍微彎曲，同時抬頭挺胸，大踏步上樓。下樓時，將整隻腳的重心放在腳尖上，腳跟稍微抬起，抬頭挺胸下樓。

4．快步走

步行有速度上的差別，如果是慢慢悠悠的步行，那就是散步。而如果是速度比較快的步行，那就是鍛鍊。正常的步行鍛鍊至少要持續30分鐘，並且在前5分鐘的時候要按照一般走路的速度進行，權當熱身。接下來的20分鐘，步行的速度就要變快了，最好能達到大步流星的程度，後面5分鐘就變成慢走，跟散步差不多。

如果上班到公司的路程正好是30分鐘，那麼不妨放棄騎車或搭車，早點起床，穿布鞋步行去公司（將高跟鞋或皮鞋放在公司更換），不僅能呼吸到新鮮的空氣，還能讓身體變得更好。

在現代生活中，很多女性已經從家庭主婦的角色中解脫出來，成功轉型為辦公室一族，那麼在辦公室時，能不能也同樣進行一些運動來鍛鍊自己的身體呢？

1．推掌運動

將右手握成一個拳頭，左手伸開成掌狀，用左手頂住右手，相互推壓，保持幾秒鐘，換手繼續。

2．肩部運動

直立或者站立，將右手繞過後腦與抬起的左手相握，保持幾秒鐘之後再恢復原狀。恢復原狀之後左右手互換，再進行一次。

3．夾球運動

身子隨意坐在椅子上，將一個彈性張力比較好的皮球，夾在雙腿膝蓋之間，雙手隨意擺放以保持身體的平衡。關鍵有一點，就是要用腿部的力量儘量夾緊皮球，時間越長越好。

4．抬腿運動

這種抬腿不同於一般的抬腿運動，而是通過一條童軍繩來進行（可用跳繩來代替之）。具體做法如下——將身子端坐在椅子上，雙手各抓住繩子的兩頭，將雙腳放在繩子上，然後雙手同時拉起繩子，使得雙腿離開地面，並呈水平狀態。在上班休息的時候，不妨拿出抽屜中的繩子來鍛鍊一番。

5・跨腿運動

左腿向前跨出一小步，右腿則向後跨，使得雙腿分開成弓狀，此時將左手撐在左膝蓋附近，右手撐在牆壁上或者是桌子上，上身儘量往前傾倒，並做一定程度的推壓。復原後可以左右腿進行互換。

繁忙的工作並不是不進行鍛鍊的理由，其實時間不是問題，即便是在繁忙的辦公室內，同樣可以進行鍛鍊，更何況在家裡閑著的時候呢？對於女性來說，參加適量的運動是保持好身材的最好方法，因此，如果有時間，不妨做一些瑜伽、伏地挺身、仰臥起坐等運動以增強體質。除了這些常規的運動之外，還有兩種運動也非常適合這些人群，只是很多人並沒有發現而已！

1．健胃運動

早上起床時，身子仰臥在床上，雙腿自然伸直，深吸一口氣後，將雙膝向上屈起，並且用雙手抱住雙腿使得大腿儘量貼近腹部，堅持幾秒鐘之後復原動作，並且反覆做這個動作幾次。

有一點要注意，在做這個動作的時候必須是空腹，否則將傷害到腸胃。

2．健胸運動

身體站立，抬頭挺胸。雙手分握兩個啞鈴（重量以自己能拿得起為準）或者是兩個裝滿水的礦泉水瓶，然後將手臂伸直與肩膀齊平，保持幾秒鐘之後，雙手開始向兩側平行移動成180度角，位置還是和肩膀齊平，同樣堅持幾秒鐘，然後復原所有動作。如此反覆幾次之後，休息一段時間再進行。

其實無論什麼樣的運動，無論在什麼時候進行，都一定要適度適量，不要為了追求所謂的時效，而猛幹傻幹苦幹，那樣不僅不能鍛鍊身體，反而會傷害身體。

2．買自己會穿出去的衣服

添加衣物是女人的常事，可是許多人做事情往往憑直覺，購衣、穿衣更是如此，只是——之後總免不了後悔。想成為穿衣高手嗎？在漂亮衣服面前，冷靜地判斷、理智地分析可是很重要的。

購衣高手教給妳不能不領會的購衣原則——

1．經濟原則

家庭的任何一個支出點，都要以家庭經濟為基礎。很多人比較喜歡打扮自己，捨得花很多錢來包裝自己，然而，這需要以家庭條件為基礎。如果以一個家庭月收入的二分之一來買衣服的話，那這個月的日子就可想而知了！

2．計畫原則

有計畫、有目的地去買衣服，通常有兩大好處：其一是可以節省時間，知道這次要買什麼衣服，到哪裡去買，買什麼款式等，這就節省了一家接一家搜尋的時間；其二是省錢，為家人添置衣服如果有計畫，就能在一定程度上減少看見什麼買什麼的習慣，買得少了，當然錢也省下了。

3．兼顧原則

添置衣服的時候，要照顧到家裡所有的人，而不要單顧自己，因為這會讓家裡的其他人有想法，產生不必要的矛盾。不要只讓自己衣裝華麗，而讓家人老是那兩件，這樣既不合適，也會讓家人感覺到不平衡。

穿著和諧的人，都只買自己喜歡的、適合自己的，他們一般不太注重品牌，因為這樣往往會讓人忽視了內在的東西。

優雅的衣著有溫柔的味道，但對於成熟的都會女子來說，最根本的是高貴和冷靜。

黑色是都市永遠的流行色，但如果妳臉色不是太好則最好避免，加入灰色的彩色既亮麗又不會太跳，是合適的選擇。

尋找適合自己膚色的色彩，一定要注意服裝是穿在自己身上的，而不是白色或者黑色的模特兒衣架。

4．聰明的女人還有自己的購物必殺技——

(1)衣服和男朋友一樣，適合自己的，就是最好的。

(2)應該多花些時間和精力在服裝的搭配上，不僅能讓妳以10套衣服穿出20款 以上的搭配，而且還能鍛鍊自己的審美品位。

(3)不要相信所謂的「流行」，穿出自己的個性就是真正的流行。

(4)無論在色彩還是細節上，相近元素的使用雖然安全卻不免平淡，適當運用對立元素、協調元素，巧妙結合，會有事半功倍的美妙效果。

(5)時尚發展到今日，其成熟已經體現為完美的搭配而非單件的精彩。

(6)閃亮的衣飾在晚宴和party上將會永遠風行，但全身除首飾以外的亮點不要超過兩個，否則還不如一件都沒有。

(7)一件品質精良的絲質白襯衫是妳衣櫥中永遠不能缺少的經典，沒有任何衣飾比它更能夠千變萬化。

(8)mix&match（混合並和諧著）的原則不僅體現在服飾的搭配上，同樣可將便宜與貴的、新的與舊的服飾搭配起來。

(9)每個季節都會有新的流行元素出臺，不要盲目跟風，讓自己變成潮流的跟屁蟲，反而失去了自己的風格。關鍵是購買經典款式的衣飾，耐穿、耐看，同時加入一些潮流元素，不至於太顯沉悶。

(10)重視配飾，衣服僅僅是第一步，在預算中留出配飾的空間，認為配飾可有可無的人，是沒有品位的。

(11)逐步建立起自己的審美方向和色彩體系，不要讓衣櫥成為色彩王國。選擇白色、黑色、米色等基礎色作為日常著裝的主色調，而在飾品上活躍色彩，有助於建立起自己的著裝風格，給人留下明確的印象。而且由於色彩上不會衝撞，也可以提高衣服間的搭配指數。

3．怎樣減少衣服中的「雞肋」

也許昂貴的專賣店中的冷氣能吹醒妳的理智，在那裡，一般人都會有節制。可是很多女性朋友往往在折扣店或大清倉貨攤前止不住腳步。這樣一來非常瘦的牛仔褲，穿上就擠腳的高跟鞋，顏色太老套的帽子……

許多買回來就被打入冷宮的衣物填滿了妳的壁櫥，同時也擠扁了妳的錢袋。為了少一些雞肋，多一些牛排，我們真應該審視一下自己的衣櫥了。下面這些宛如雞肋（食之無味，棄之可惜）的衣服，妳有嗎？

1．白褲子

許多女人不喜歡白褲子，她們認為白褲子不僅很難和其他衣服搭配，還特別容易髒：颳風下雨的時候最好別穿，家裡養寵物不要穿，乘坐公車也不要穿……總

之，一個季節只穿了兩三次，還沒出門就被門邊的灰塵印上一條黑印，更不要說裡面愚蠢的標籤：不可機洗，不可乾洗，不可手洗，不可用刷子刷。如果妳也有同感，那麼，下次出手時就要注意了。

2．無袖高領毛衫

這種毛衫非常漂亮，正因如此，它才成了許多愛美女士的雞肋。可是妳能受得了天熱的時候它的層層高領子，天冷的時候胳膊上都是雞皮疙瘩嗎？妳能給它找一個合適的穿著時間嗎？

3．普通白襯衣、黑褲子

普通白襯衣，黑褲子，可以稱得上是基本款。可是妳發現了嗎？穿上了這些衣服之後的樣子平庸至極，一點兒也沒有那些同樣穿著的明星模特瀟灑。所以還是放棄吧！

4．折扣打得很低的衣服

購物的失敗通常來自精明的算計。當妳把買回的「超值」的衣服，放進衣櫃的那一天開始，妳還覺得那是超值的嗎？因為妳知道它是廉價品。

5．不合腳的漂亮鞋子

不管多便宜，不合腳的鞋子堅決不能買。

6．為了廉價的短裙而買昂貴的長統靴

看到了一條迷人的仿皮面料短裙，便宜得不可想像，可唯一能與它相配的是這雙長統靴，同樣的質地，卻比真正的皮革還昂貴。這時我們或者買下這雙靴子，加大短裙的成本，或者放棄這條百年不遇的質優價廉的短裙。

⊙購衣技巧和常識

1．根據膚色選擇服裝

(1)面色紅潤者：適宜茶綠或墨綠色的衣服，不適宜正綠色的衣服，否則會顯得有些俗氣。

(2)面色偏黃者：適宜藍色或淺藍色的上裝，不適宜品藍、群青、蓮紫色的上衣，否則會使面色顯得更黃。

(3)面色不佳者：適宜白色的衣服，這樣可顯得健康；不適宜青灰色、紫紅色的衣服，否則會顯得更憔悴。

(4)膚色黃白者：適宜粉紅、橘紅等柔和的暖色調的衣服，不適宜綠色和淺灰色的衣服，否則會顯現出病容。

(5)膚色偏黑者：適宜淺色調、明亮些的衣服，如淺黃、淺粉、月光白等色，可襯托出膚色的明亮感。

(6)皮膚偏粗者：適宜雜色、紋理凸凹性較大的織物（如粗呢等），不適宜色彩嬌嫩、紋理細密的織物。

2．根據體型選擇服裝

(1)儘量避免任何一種與妳的臉形相同的領口。

a.如果妳是圓臉，應忌圓領口，宜選V形領、翻領和敞領服裝。

b.如果是方臉，宜選V形、勺形或翻領、敞領服裝。

c.如果是長臉，宜選圓領或高領口服裝。

(2)選擇可遮蓋脖子缺點的服飾。

a.短頸者應選敞領、翻領，或低胸口的上衣。

b.粗頸者應選中式領、高領或窄而深的領，並戴領巾。

c.長頸者應選高領口和緊圍在脖子上的圍巾。

(3)根據體型條件選擇揚長避短的服裝。

a.大胸者，選敞領和低領口或寬肩的寬鬆上衣。

b.小胸者，選開細長縫的領口和橫條紋的上衣。

c.粗腿者，選腰緊而下邊寬鬆的裙子，上端打褶或直腿的褲子，也可選長到

膝蓋下的短褲或裙褲。

d.短腿者，選一色的衣服，或短上衣、高腰外衣。

4．愛旅遊，也愛省錢

對於一個喜歡外出旅遊的女人來說，昂貴的旅遊費用可能會讓妳的錢包乾癟，存款變少。其實，妳可以通過一些省錢的方法，讓自己的旅遊既有意思，又能充分領略省錢的奧妙。

出遊理財都有哪些內容呢？

1．選擇旅遊淡季出門

一般的旅遊景點的門票價格，都有淡季價格和旺季價格之分，旺季門票價格貴了很多，尤其像連續假期這樣的時段，不僅門票貴，乘車費用、參團費用、住宿費用也都相應增加，算起來去同一地點旅遊淡季和旺季花費差不少錢。因此，有條件的遊客可以選擇在淡季旅遊，既避免了遊人如織的不爽，又節省了不少錢。

2．出遊前要詳細準備

出行不要過於匆忙，事先一定要做好充分的準備，如查尋資料、分析路線、分析出行的方式等。在許多景點，有使用各種銀行發行的信用卡，都會有優惠，如果妳有此類證件，一定要帶上。此外，要準備好一些出遊的常備物品，如水、藥品、日用品等，以免在景點買到貴死人的東西。

3．儘量選擇旅遊新線路

一些新開闢的新線路為了吸引遊客，往往會有優惠。旅遊新線一般以目的地旅遊局出資，航空公司、旅行社讓利（折扣）的方式，共同定出推廣期優惠價，整個行程的花費較一般的線路要便宜。因此，有意識地避開熱點景區，選擇一些新線去旅遊能讓妳少花費。如果在線路推廣期參團，的確物超所值，如此一來，既看了新景，又節省了旅遊開支。

4．選擇景點時要注重精化

出門旅遊前應該對自己旅遊的景區有一定的了解，從中篩選出這個景區最具特色的地方，這樣在旅遊時可以有的放矢，玩得更盡興；而重複建造的景觀不必前往，儘量別坐纜車或索道，不必買通票，買通票只能讓妳走馬觀花，看不出景色真正的精彩之處，最好玩一個景點買一張單票。

另外，在旅遊時，更應拿出一點時間去逛大街，看看景區和城市的風土人情，因為這麼閒逛不需要花錢買門票，也許還會有驚喜的發現。

5．野外旅遊儘量結伴

在城市裡，單槍匹馬的自助旅行比較適合，既自由又放鬆。但若到邊遠地區自助旅行，絕對不是最省錢的方式，跟團旅遊反倒更划算。尤其是在交通不便的地方，幾個人一起租車、吃住、遊玩景點能少花不少錢；另外，跟團旅遊在安全方面也有所保障。

6．儘量縮短出遊時間

對於經濟條件一般的家庭來說，短途旅遊可以作為首選。到周邊城市遊玩有以下幾個優點：花費少，從而減輕家庭經濟負擔；行程短，可以避免長途跋涉；攜帶東西簡單，可以節省體力。

7．儘量自助遊

跟隨旅行社組團外出旅遊，雖然在導遊和景點安排上要少操點心，但由於旅行社毫無例外地要賺錢，所以有時比自己單獨旅遊要多花錢，而且玩得還不盡興。尤其是在旅遊景點有朋友的遊客，更不要選擇跟團，吃、住都在朋友家，還有免費導遊，能省下一筆不少的錢。

8．選擇便宜的交通工具

在旅遊時間比較充足的時候，如果不是到較遠的地方去旅遊，非得坐價格較貴

的飛機搶時間不可，完全可以坐火車或大巴。在火車上大巴裡，看看沿途的風景，也算是一次變相的「旅遊」了。

在城市中，乘坐捷運或公車最省錢，而且公共交通非常發達，大都能到妳想去的地方。買一張地圖，就能詳細地掌握哪路車可以帶妳去哪裡，少坐一次計程車至少能省下不少錢。另外，最近十分風行的ubike（YouBike公共自行車），不管在國內或國外都很ＯＫ，你也可以多加利用。

9．選擇住宿應量力而行

選擇入住旅社完全不必貪「洋」追「星」，而應從實用、實惠出發，選擇那些價格雖廉但條件也還可以、服務也不錯的民宿或招待所為好。雖然星級賓館聽起來好聽、招待也更周到，但那都是用錢換來的，不實惠。

10．選擇當地風味小吃

各個旅遊點的地方風味小吃，價廉物美。旅遊時，選擇小吃店解決就餐問題，這樣不但可以省下不少錢，而且也可通過品嘗風味小吃，領略各地不同風格的飲食文化。旅遊時也可根據路途長短、出遊季節等情況自備餐飲。

旅遊風景名勝點的餐館一般要比別處的價格高出很多。所以，如果想在旅遊風景名勝處的餐館就餐，應有選擇，僅選擇本旅遊景點的特色菜。另外還可以在旅遊點的速食店裡買便當，這樣算起來就實惠多了。

若在城市進餐，最好選擇老字號的小吃店，這樣的飯店面向當地群眾，一來可以品嘗地道的民間小吃，二來價錢十分公道，且因是老店有口皁，誠信好，沒有被宰的危險。

生活中處處有學問，細心點，妳會省下不少錢。

⊙出國遊省錢途徑

隨著出國遊的風潮，出國遊只要安排得妥當，不一定會花費很多錢。

1．提前預訂機票

最好將往返機票預訂妥當，預訂票離出行時間越近，打折越少。「散客」旅

行，最好以信用卡訂票，一旦途中發生了什麼誤機事件，說不定這趟旅行的費用就賺回來一大半了，同時還有旅行平安險。

2．注意消費方式

最好的方法是除了信用卡之外，還可以在機場換點外幣現鈔隨身攜帶。這也是一種既方便又經濟攜帶方式。

3．選擇經濟的住宿

如果在旅途中有朋友，可住在朋友家，沒有朋友可選擇各地的旅社，甚至住到居民家裡去。如果沒有旅行團幫助，最便捷的辦法是在計程車上向司機打聽一下哪家旅館比較好。如果有時間的話，可以多和旅館的服務人員交流一下，他們對當地比較熟悉，會告訴遊客本地的特色，還會教妳一些在當地購物的竅門。

4．去免稅商場購物

歐洲的各大城市都有免稅購物商場，在這些商場購物可以享受到免稅的優惠政策。但必須符合下列三個條件才能順利退稅：第一，必須在具有免稅標記的商場購物；第二，必須索要VAT（加值稅）發票；第三，購物要達到一定金額。

5．選擇合適的出行工具

出行交通工具有多種選擇，應根據自己的消費能力、城市特色等選擇合適的出行工具。如長途旅行，鐵路是比較好的選擇，便宜、舒服而且安全；如是在小範圍內，多人一起出行，租輛車開是最方便、划算的，但搭計程車絕對不是好方法，因為費用高；如果城市有地鐵最好選擇地鐵，方便又快捷。

6．選擇合適的線路

如果是自助出國遊，旅行的線路自由度很大。但是，如果通過旅行社或網路查詢。下面向妳介紹三種常見的線路：

①特惠線：這種線路價格便宜，適合大眾遊客，但遊客的自由時間更少，所有的行程都安排得滿滿的。

②經典線：也稱精華遊，價格適中，特別適合沒有去過境外的遊客，但行程排得很滿，遊客的自由安排會相對減少。

③精品線：這種線路的集體安排較少，行程較輕鬆，遊客自由安排的時間比較多，適合那些想玩又想少受旅行團拘束的年輕人，也適合那些已去過境外、

以放鬆心情為主、遊覽觀光為次的客人，但是花費比較高。

5．無視小錢，定將痛失大錢

有一位理財專家說：「儘管金額完全相等，但不同面值的鈔票，在使用時的情形會不一樣。在對待一些數額既不太大的金額時，一般說來，人們都不會產生太強烈的心理震動，因此即使造成了浪費，也不至於會心疼。」

實際上，往往是一些細枝末節的東西最能讓人直觀地、深刻地體會到金錢的寶貴。

當準備無謂地消耗一筆錢時，不妨想一想。用這筆錢能夠購置多少日常的必需物品。通過這種「化小」的換算方式，也可以避免很多浪費。

一些商家也正是利用了這種「化小」戰術，「以其人之道還治其人之身」，誘使顧客心甘情願地掏腰包。

比如，很多商品的廣告在宣講其價格時，喊出響亮的口號：

「妳每天只需少抽一支香煙，就可以……」

「妳每個小時只需付出3毛錢……」

「借1萬元每天僅25元利息……」

……

通過如此的「化小」戰術之後，給人的一種感覺就是：只不過這麼一點點錢，小意思，買吧（借吧）……殊不料，這正中商家的下懷。

這種「化小」戰術之所以能如此有效地刺激顧客的購買欲，就是因為它具有極強的迷惑性，往往將相當昂貴的商品，鬼使神差地在購買者的心目中變成了廉價的商品。

看著這誘人的「送溫情」大銷售，本來不敢「輕舉妄買」的顧客，也不免怦然心動了，於是購者如潮。許多人因此打破了節儉計畫，等到發現自己開支超過本來的計畫時，已經晚了。

呂玉玲是個不折不扣的樂透迷，每週定期花500元購買樂透，她認為，用500

元的小錢去投資，就有收穫好幾千萬與上億的可能，實在是很划算的。

現在市面上流行一句話：「窮人買彩票，富人買股票。」

呂玉玲雖然是一家公司的部門經理，月薪五萬，算不上是窮人，但她卻也有買樂透的習慣。

呂玉玲每週都要堅持拿出500元購買樂透，她從第一次購買樂透至今已經堅持五年多了，儼然成了她的一個習慣。呂玉玲的投資理念就是：只要功夫深，鐵杵磨成針。只要能將購買樂透的習慣堅持十年，肯定能有中大獎的可能。

但是五年過去了，她獲得的最大的獎金額也僅為幾百到幾千，中獎的次數也只有可憐的三次。如果細細地算一筆賬，就知道這個習慣吞噬掉了她多少錢：一年總共有52個星期，按照每星期投資彩票500元計算，五年下來，總共在樂透上花費的金額是十三萬元。再減掉她三次總共的中獎額約二萬左右，樂透投資總共吞掉呂玉玲十一萬元整。

在很多投資大師眼中，投資彩券贏利比賭博贏的可能性還要小，因為投資者根本無法知道彩券總的銷售數量，因此也根本無法知道自己的中獎機率和回報率。

打個比方說，假如總共有400萬張彩券，呂玉玲買了一張，那她能贏的機率就是四百萬分之一，而她期望的收益是一億元的話。按照風險與回報率看，事實上大部分博彩遊戲都是「玩家必輸」的遊戲。

如果呂玉玲把她每月用於投資彩票的錢拿來投資基金，即使是購買年收益率在5%左右的基金，如果採用定期定額固定投資法，然後再將每年的分紅轉為再投資，這樣，五年來她可獲得的投資本金及收益總共為十七萬到十九萬之間；若以複利計算的話，五年的本息總數就更高了。

不算不知道，一算嚇一跳，平時輕視小錢的女性朋友們，相信仔細算過之後，一定也會出了一身汗，事實勝於雄辯，浪費小錢所付出的代價，實在是很高的！

6．掌握逛街砍價的技巧

前幾天，據新聞報導，聽說在大陸有逛街砍價成職業的，您一定覺得挺新奇

吧。有媒體報導，砍價已成了一種新職業，瀋陽一位鄒先生就註冊了大陸首家砍價公司。現在一些圈子內公認的逛街高手們都流行一句術語——稱逛街為「淘貨」，衣服樣式好不好看，在高手說來就是「貨色好不好」。既然逛街成了「淘貨」，那麼不僅僅要能慧眼識好「貨」，更在於能以合適甚至較低的價格拿下，幾位高手總結了多年「淘」的經驗，在此特別與讀者分享這套與服裝店老闆討價還價的「方法論」。

1．看到中意的衣服不可喜形於色

「在一些個性十足的服裝小店，不經意間發現了令人眼前一亮的，並且能一見鍾情的衣服的概率，是非常高的。但是此時千萬不可以像發現新大陸一樣立刻眉開眼笑，跑去向老闆詢問價錢。」

「淘貨」高手陳小姐向記者講述著——「如果讓老闆察覺到妳對這件衣服喜歡得死心塌地了，那麼他往高裡喊價的風險也就隨之增加了許多。」

的確，從剛剛開始發現喜歡的商品，並且有了購買欲望的時候，和老闆的心理戰就打響了。那麼「行家」的做法又是怎麼樣的呢？

陳小姐告訴記者：「發現好衣服的喜悅要藏在心裡，臉上要不露聲色。妳可以漫不經心地先摸摸衣服的料子，或者對老闆提出試穿的要求。價錢大可不必急著問。穿上之後，還可以再和老闆過幾招，比如問問這個款式還有沒有別的顏色，即使身上穿的這個顏色妳已經非常喜歡了；也要說『要是袖子再長點就更理想了』之類雞蛋裡面挑骨頭的話。這時，老闆多半會打圓場，說這件衣服的『好話』，但妳千萬不能就隨著他的思路走了。當他的好話說得差不多的時候，妳就可以開始問價格了。讓老闆覺得妳不是特別喜歡，湊合賣了算了，所以開的價錢一般來說都不會很高……」

2．殺價要心狠嘴辣

「當試穿後發現沒有什麼問題，一切中意後，和老闆之間關於數字的拉鋸戰就拉開了帷幕。這段時間，最重要的就是不能心慈手軟，要知道心軟了，就得多掏銀子，這是不爭的事實。」陳小姐說道：「有些時候，看準的衣服自己要有個心理價

位，什麼料子，什麼款式，以及商店所處的地段是否為繁華地段等等因素，都與商品的價格直接掛勾。一件純棉的長袖T恤衫，一般品質再好的也就400～500元，可是很多老闆會喊出1000元以上的價格。此時，妳大可以做出掉頭就走的架式，以示老闆不是誠心想賣衣服。老闆們則會拉住妳，向妳說這是有牌子的正宗貨，或是出口轉內銷的外銷品，品質有多好等等。而妳卻不必理會這一套，因為誰都知道真正名牌的衣服都在大百貨公司，在小店買衣服圖的是個性和時髦。所以，妳可以喊出比自己心理價位稍微低點的價格，也許是他喊出價錢的三分之一都不到。此時，老闆必然會向妳加價，而妳一定要堅持自己的價錢不能鬆口，大不了不買。幾個回合下來，老闆只要拗不過妳，多半會在妳開出的價錢上稍微加點，這也許就正好是妳的心理價位，妳也就給個臺階，點頭付錢收貨吧！」

3．天涯何處無芳草

眾所皆知，小店裡的衣服是跟著一陣陣流行風而來的，很多時候在這家店裡看到的衣服，在另外一家店裡也能看得到，有時也只是在小細節的地方，有些無礙大局的小變化而已！

陳小姐說：「想跟風的話，就要多了解一些行情，當然就必須要腿勤，要貨比三家了。」其實陳小姐此時說的貨比三家，指的就是價比三家，同樣風格的衣服，在不同的小店就會有不同的價錢，當然這也和衣服的面料、小店所處的位置相關。

「對於此類衣服，可以多在幾家商店逛逛，若其中有店主流露出想和妳商量商量價格的意向，妳也不必急著和他開始口水仗。妳可以很輕鬆地說在別家店也看到過這樣的衣服，品質不見得差，價格比你這邊低一半，即使妳以前根本就沒有問過價錢也沒有關係，不是都說兵不厭詐嗎？此時，小店老闆們會很急切地表明妳不識貨，以那樣的價格絕對買不到。當然，妳可以很輕鬆地說一句去別家再看看，即使沒有買到衣服，起碼也摸清楚了行情。來到下一家店和老闆理論的時候，就有了心理準備，還下來的價錢也差不到哪裡去了。」

要買到便宜東西除了會砍價外，還可以學一學下面這些竅門——

充分利用各種管道去獲得消費品的資訊。比如網際網路：不管租屋、購屋都有網站可先瀏覽一番，買手機，買電腦可去光華商場逛一逛，裝修材料找「特立屋」

看看貨、詢詢價，實在不行在電腦上用個「關鍵字」來搜索一把，搭上點兒邊的資訊一覽無遺，搞不定才怪！

平時也該多留意一下相關你需要的產品的資訊。只有多動腦、勤思考、多積累，在消費的實踐中，妳才會迅速成長。

實踐是檢驗真理的唯一標準。要在實踐中努力成長為「購物專家」，這樣才能在當今頻繁的商品交易中立於不敗之地。

所謂「砍價」，在台灣網路團購早就十分風行，有些公司行號的上班族，甚至會自己弄個訂購單徵求大家來湊數量，殺價格哩！

不過，從柯P上任以後，台北市政府員工之間的團購，好像一下子就冷卻了下來，是忽然想要自律了，還是想要開始省錢大作戰來理財。我們就不得而知了……

〈全書終〉

國家圖書館出版品預行編目資料

聰明的女人會把小錢變大錢／莉莉安 著
-- 初版 -- 新北市：新潮社，2018.11
面； 公分
ISBN 978-986-316-725-9（平裝）
1. 理財 2. 投資 3. 女性

563　　107014641

聰明的女人會把小錢變大錢

莉莉安／著

出版人　翁天培
企　劃　天蠍座文創製作
出　版　新潮社文化事業有限公司
電話：(02) 8666-5711
傳真：(02) 8666-5833
E-mail：service@xcsbook.com.tw

印前作業　東豪印刷事業有限公司
印刷作業　福霖印刷有限公司

總經銷　創智文化有限公司
新北市土城區忠承路 89 號 6F（永寧科技園區）
電話：(02) 2268-3489
傳真：(02) 2269-6560

初　版　2019 年 04 月